马克思主义经典著作解读丛书

Makesi Zhuyi Jingdian Zhuzuo Jied

主编／王为全

中国社会主义道路的初步探索

《论十大关系》

解　读

张晓霞 ◎ 编著

中国出版集团

现代出版社

图书在版编目（CIP）数据

中国社会主义道路的初步探索：《论十大关系》解读／张晓霞编著. —北京：现代出版社，2016.1 （2025.1重印）

ISBN 978－7－5143－1704－6

Ⅰ.①中…　Ⅱ.①张…　Ⅲ.①《论十大关系》－毛泽东著作－研究

Ⅳ.①A841.26

中国版本图书馆 CIP 数据核字（2014）第 106561 号

作　　者	张晓霞
责任编辑	王敬一
出版发行	现代出版社
通讯地址	北京市安定门外安华里 504 号
邮政编码	100011
电　　话	010－64267325 64245264（传真）
网　　址	www.1980xd.com
电子邮箱	xiandai@ cnpitc. com. cn
印　　刷	三河市嵩川印刷有限公司
开　　本	700mm×1000mm　1/16
印　　张	12
版　　次	2016 年 1 月第 1 版　2025 年 1 月第 3 次印刷
书　　号	ISBN 978－7－5143－1704－6
定　　价	48.00 元

前　言

　　《论十大关系》是毛泽东在 1956 年 4 月 25 日在中共中央政治局扩大会议上作的重要讲话。在这篇讲话中，毛泽东围绕把国内外一切积极因素都调动起来为社会主义事业服务的基本方针，深刻论述了正确处理经济建设和社会发展中的一系列重大关系。《论十大关系》中明确提出了正确处理重工业、轻工业和农业的关系；沿海工业和内地工业的关系；经济建设和国防建设的关系；国家、集体和个人的关系；中央和地方的关系；汉族和少数民族的关系；党与非党的关系；革命与反革命的关系；是非关系；中国和外国的关系等十大关系。《论十大关系》的理论贡献和实践意义使得这个文献成为历史上的一个经典。

　　那么，《论十大关系》具有哪些重要的理论贡献呢？它率先提出"以苏为鉴"，走自己的路，确立了探索中国社会主义建设道路的指导思想，创造性地提出了一条有别于苏联的工业化道路，指明了中国工业化道路的发展方向。初步提出了经济体制改革和协调区域经济的设想，明确提出向外国学习的口号，显露出改革开放的思想端倪。提出了如何建设社会主义民主政治的设想，并对如何正确处理社会主义社会两类不同性质的矛盾问题进行了初步探索，具有重要的理论和现实意义。可见，《论十大关系》在当时的形势下具有相当的前瞻性和开拓性。上述的十个关系，不仅仅是共产党人对中国经济社会建设的有益的探索，更是对中国经济社会现状的把握。我们学习《论十大关系》，更多的要从中国的国情学起，从中国的实际出发，最终要面对这个实际。

《论十大关系》初步总结了我国社会主义建设的经验，提出了探索适合中国国情的社会主义建设道路的任务，是毛泽东关于社会主义建设问题的代表作，标志着毛泽东对中国社会主义建设道路的探索开始形成一个初步而又比较系统的思路。毛泽东自己曾多次评价过《论十大关系》，认为它"开始提出自己的建设路线"，"有我们自己的一套内容"，"开始找到自己的一条适合中国的路线"，"开始反映中国客观经济规律"。1975 年 7 月 10 日，邓小平在给毛泽东的信中谈到《论十大关系》时说："这篇东西太重要了，对当前和今后，都有很大的针对性和理论指导意义。"由此可见，《论十大关系》对于后世人们搞经济建设、发展政治文化具有的不可替代的重要作用。

目　录

第一章
《论十大关系》的写作和出版

第一节 《论十大关系》的简释

（一）篇名简释

《论十大关系》是毛泽东在 1956 年 4 月 25 日在中共中央政治局扩大会议上作的重要讲话。在这篇讲话中，毛泽东围绕把国内外一切积极因素都调动起来为社会主义事业服务的基本方针，深刻论述了正确处理经济建设和社会发展中的一系列重大关系。讲话提出了正确处理重工业、轻工业和农业的关系，沿海工业和内地工业的关系，经济建设和国防建设的关系，国家、集体和个人的关系，中央和地方的关系，汉族和少数民族的关系，党与非党的关系，革命与反革命的关系，是非关系，中国和外国的关系的基本原则。讲话提出的一系列关于社会主义建设的重要理论观点，对我国社会主义建设具有长远的指导意义。正如邓小平所说的，"这篇东西太重要了，对当前和以后，都有很大的针对性和理论指导意义"。[①]

（二）出版情况简释

从《论十大关系》的出版情况来看，在 1956 年毛泽东讲话后，其内容长期没有公开发表，只是在党内有限的传播，主要是在党内高层传达。在公开发表前，《论十大关系》在 1965 年和 1975 年经历了两次重要的文献整理，并在党内一定范围内公布。第一次是在 1965 年。1965 年 12 月 15 日，刘少奇在给毛泽东的信中认为讲话"对于一些基本问题说得很好，对现在的工作仍有很重要的指导作用"，建议将讲话作为内部文件发给县、团以上党委学习。毛泽东看了整理稿后批复："此件看了，不太满意，发下去征求意见，以为将来修改之助。此意请写入中央批语中。"[②] 之后，同年 12 月 27 日讲话以中发（65）751 号文件（秘密）印发，并标明"不登党刊"。这一次的整理稿中，原讲话中关于以苏联为鉴的内容以及对国内建设的一些批评的内容都没有收进去。如关于对苏联和东欧国家在处理农轻重关系和民族关系的批评，对斯大林的批评，我国过高估计战争危险，忽视发展沿海工业，某些方面照搬苏联的缺点错误等内容，都没有保留。第二次的文献整理

---

① 中共中央文献研究室编：《邓小平年谱 1975—1997》（上），中央文献出版社 2004 年版，第 68 页。
② 《关于建国以来党的若干历史问题的决议注释本》，人民出版社 1983 年版，第 235 页。

是在 1975 年。当时由邓小平主持中央日常工作和《毛泽东选集》第五卷的编辑工作，并由胡乔木具体主持，综合整理了毛泽东在 1956 年的两次讲话的记录，补充了一些内容，并进一步增强了理论性和逻辑性。但是这次稿子仍旧限于党内有限传播。直到 1976 年底公开发表。

《论十大关系》的三种稿本。一是 1956 年的讲话稿。1956 年初，毛泽东等中央领导同志花了一个半月的时间，听取了中央 34 个经济部门的汇报，之后，毛泽东在 1956 年 4 月 25 日在政治局扩大会议上作了关于十大关系的报告。随后又在同年 5 月 2 日在最高国务会议中作了进一步阐述。两次讲十大关系的记录，10 个小标题相同，但是内容有所不同。4 月 25 日的讲话，批评斯大林内容多些，5 月 2 日的讲话，理论分析多些，补充了政治局扩大会议 3 天讨论和 4 天省市委书记汇报时提出的一些意见。这两个讲话稿的内容，刘少奇在中共八届二中全会的报告中做了简述，指出毛泽东在中央政治局扩大会议上做了讲话，涉及到十大关系，即（一）工业和农业、重工业和轻工业的关系，（二）沿海工业和内地工业的关系，（三）经济建设和国防建设的关系，（四）国家、合作社和个人的关系，（五）中央和地方的关系，（六）汉族和少数民族的关系，（七）党与非党的关系，（八）革命和反革命的关系，（九）党内党外的是非关系，（十）国际关系。这样刘少奇在报告中首次公开了毛泽东的讲话，但是只讲了报告的题目"十大关系"和 10 个小标题，并未公布详细内容。

二是 1965 年"征求意见"稿。1965 年底刘少奇写信向毛泽东建议，把"十大关系"的讲话作为内部文件印发下级党委学习。毛泽东在 12 月 18 日做了批复，提出"发下去征求意见，以为将来修改之助"。当时印发的"十大关系"稿，就是以毛泽东在1956年5月2日最高国务会议上的讲话记录稿为基础，并吸收4月25日在政治局扩大会议上的讲话部分内容整理而成的。这个稿本在1965年12月27日以中发（65）751文件（秘密）印发给各中央局，各省、市、自治区党委，中央各部委，国家机关和人民团体各党组、党委、总政治部。并且注明不登党刊。这个"征求意见"稿与1956年的讲话稿相对照，有4处作了修改：文章的题目改为《论十大关系》，小标题（四）修改为"国家、生产单位和生产者个人的关系"，小标题（九）修改为"是非关系"，小标题（十）修改为"中国和外国的关系"。

三是1976年的正式定稿。1975年，邓小平主持中央日常工作和《毛泽东选集》第五卷编辑工作期间，向毛泽东提出将两次讲话记录稿综合整理，后在胡乔木的具体主持下完成了整理工作，新的整理稿在1975年7月10日送邓小平，13日转送毛泽东。邓小平写信给毛主席，提出"希望早日定稿，定稿后即予公开发表，并作为全国学理论的重要文献"。整理稿经毛泽东审阅后正式定稿，毛泽东批示同意印发政治局同志阅，提出将来出选集再公开。但是这篇文章直到毛泽东逝世后才公开发表。1976年的正式定稿，在忠实体现原讲话中"以苏联为鉴戒，总结我国已有经验"的主要精神的基础上，做了一些文字加工，并恢复了1965年整理稿中许多没有收进去的内容，例如对于苏联和东欧国家在处理重工业、轻工业和农业的关系，民族关系以及对于斯大林的态度问题上存在的错误所做的批评，以及我国在国内工作中过高估计战争危险，不重视发展沿海工业等缺点的批评，等等。

在1976年12月26日毛泽东诞辰83周年纪念日，《人民日报》

等全国主要报纸刊载了《论十大关系》一文，随后《红旗》杂志等全国主要期刊在 1977 年第 1 期转载了此文，此后人民出版社等全国主要出版单位也印刷发行了不同装帧形式的单行本，同时，少数民族文字版本和外文版本也相继问世。这样，学习毛泽东《论十大关系》的热潮在全国声势浩大地展开。1986 年《论十大关系》被收入《毛泽东著作选读》。1993 年，《论十大关系》被收入《毛泽东文集》第 7 卷。

第二节　《论十大关系》的写作背景

1956 年的特殊国际国内形势，成为毛泽东《论十大关系》的写作背景。

（一）国际背景

从国际背景来看，当时国际局势趋于缓和，为我国专心进行经济建设提供了良好的国际环境。

一方面，1955 年召开的两大国际会议对创造良好的国际环境具有很大影响。一个是 1955 年 4 月在印尼万隆举行的亚非会议，提出了促进世界和平与合作的十项原则；二是 1955 年 4 月至 7 月举行的日内瓦会议，实现了印度支那停战。由于两个会议的成功，世界和平与合作的力量逐渐增强，使帝国主义不敢轻易动武。这样，到 1955 年底和 1956 年初，中共中央逐渐感觉到国际形势趋向缓和，认为新的侵华战争或者世界大战短时间内打不起来，可能出现 10 年或者更多一点和平时期。这为我国集中精力探索社会主义建设的规律，专心进行经济建设提供了良好的外部环境。

另一方面，1956 年，苏共二十大暴露了苏联社会主义建设的一系列问题，这使毛泽东为核心的党中央敏锐地认识到必须"以苏为鉴"，探索自己的社会主义建设道路。1956 年 2 月，苏共二十大召开，批判了斯大林问题，暴露了苏联在社会主义建设过程中的一些缺点和错误，如片面重视重工业而忽视农业和轻工业，导致苏联农业发展缓慢，粮食产量不高，市场供应紧张，货币不稳定等不良后果。苏联的经验教训使我们进一步增强了独立探索的自觉意识。毛泽东认为，新中国成立初期，"因为我们没有经验，在经济建设方面，我们只有照抄苏联"，"这在当时是完全必要的，同时又是一个缺点，缺乏创造性，缺乏独立自主的能力。这当然不应当是长久之计"。①

（二）国内背景

从国内背景来看，1956 年，我国社会主义改造基本完成，开始进入全面建设社会主义时期。如何建设社会主义成为中国共产党和中国人民面前一个亟待解决的紧迫问题。同时，第一个五年计划完成，中国共产党在建国头七年的经济建设中积累了一定的经验，但是也有一定的教训，面临许多问题亟待解决。

一是国民经济的比例关系需要进行调整。如沿海工业和内地工业的关系，随着当时国际局势的缓和，需要充分利用沿海工业来

---

① 《毛泽东文集》第 8 卷，人民出版社 1999 年版，第 305 页。

加快我国的建设速度。当时沿海工业占全国工业 70%，而且沿海交通便利，因此要充分利用沿海工业，将沿海工业和内地工业两个积极性都调动好了，从而促进全国工业的发展。

二是要纠正我们一度出现的急躁冒进情绪和思想。我国在"一五"计划实施中，虽然取得很大的成绩，但是也由于经验不足，对经济建设的规律尊重不够，出现了急躁冒进的现象。首先是农业生产跟不上工业生产的步伐，当时以工业总产值占农业总产值 70% 和工业总产值中生产资料占 60% 作为实现国家工业化的重要标志之一，在某种程度上忽视了农业的发展。其次是在 1956 年出现全局性的冒进，基本建设投资总额 147.35 亿元，比上年增长 70%，高于 1953 年、1954 年两年的投资额，基本建设拨款占财政支出的比重由上年的 30.2% 猛增到 48%，造成国家财政紧张。再次是社会主义改造过急过快，为以后相当长时间留下了一些遗留问题。毛泽东在 1957 年 4 月 30 日同民主党派负责人和无党派民主人士谈话时做了反思，指出："我的脑子开始也有点好大喜功，去年三四月间才开始变化……"毛泽东这里所指的"去年三四月间"就是指他在 1956 年听取 34 个部门汇报时的那段时间。

由此可见，尽管社会主义制度已经在我国建立起来，但是我们必须将马克思主义与中国实际结合、探索，才能使社会主义制度在我国进一步巩固、完善和发展。为此，在总结苏联经验教训和我国第一个五年计划执行过程中的经验教训基础上，以毛泽东为代表的第一代中央领导集体对我国实际情况进行了大量的调查研究，初步总结了我国社会主义建设的经验，开始了在中国如何建设社会主义的伟大探索，并在《论十大关系》中不论在经济方面还是政治方面，都提出了一些新的方针。

第三节 《论十大关系》的形成过程

为了探索适合中国国情的社会主义建设道路，毛泽东和中央负责同志开始通过各种渠道和方式深入各地和各部门进行了大规模的调查研究，了解了社会主义建设的情况和问题，这些调查和探索为毛泽东提出和论述十大关系问题提供了主要的资料。这些调查研究主要有：

一是刘少奇听取各部委的汇报。1955年12月7日到1956年3月8日刘少奇对32个部委的调查研究，1956年5月以后，刘少奇又约新华社、高级党校和检察院等单位谈话。据中央办公厅秘书局当时逐日编出的《中央大事记》记载，刘少奇对32个部委调查研究的日程是：1955年12月7日国家建委、城建局，8日和10日一机部、二机部、三机部，9日中央农村工作部，12日煤炭工业部，13日煤炭工业部、电力工业部，14日地质部、石油部，15日建工部，16日重工业部，22日计委，27日地方工业部，28日纺织工业部，29日轻工业部，30日手工业管理局，31日财政部，1956年1月2日粮食部，3日商业部，5日外贸部，6日农产品采购部、人民银行，7日劳动部、全国总工会，26、27日计委，2月16日铁道部，17日交通部，18日邮电部，21日民航局，3月5日高教部，6日教育部，7日卫生部，8日文化部。

二是1955年12月21日到1956年1月12日，毛泽东乘火车由京汉、粤汉线南下杭州，又经沪杭、沪宁、津浦线回京。除了在杭州修改《中国农村的社会主义高潮》一书的序言外，从保定、邢台开始，就找沿途地方干部谈话，做了一路的调查工作。调查的直接结果是完善了《农业发展纲要》，同时为《论十大关系》的讲话积累了第一手材料。

三是从 1956 年 2 月 14 日到 4 月 24 日，毛泽东等集中听取 34 个部委的汇报以及国家计委关于第二个五年计划的汇报，实际听汇报的时间为 43 天。这次调查大体上分为六段：第一段，2 月 14 日至 29 日，首先是重工业口及其所属 13 个部；第二段，3 月 1 日至 4 日，轻工业口及所属 4 个部；第三段 3 月 5 日至 9 日，交通邮电及其所属的铁路、交通、民航、邮电 4 个部门；第四段，3 月 13 日至 18 日，农业口及其所属的农村、水利等 4 个部门；第五段，3 月 19 日至 4 月 11 日，财政贸易口及其所属的财政、商业、外贸、银行等 5 个部门；第六段，4 月 18 日至 24 日，国家计委关于第二个五年计划的汇报。

毛泽东听取各部委的汇报，每次都是四五个小时，地点在中南海颐年堂。周恩来总理除了个别时候因事请假外，每次都来，刘少奇、陈云、邓小平有时也来参加。毛泽东召集的汇报会，实际上成为中央主要领导成员参加的规模较大的一次集体调研活动。

各部门事先汇报写成书面材料送给毛泽东，毛泽东在听口头汇报时，十分认真细心，必要时及时插话，并作分析总结。毛泽东在听各部委汇报时，有许多生动的插话和讲话，这些插话和讲话成为他后来构思十大关系的思想火花。例如在 2 月 14 日汇报的第一天，毛泽东听取了主管重工业的国务院第三办公室的汇报。在汇报开始时，围绕中央与地方的关系，毛泽东先说了一段话，指出中央各部门管得多了一些，没有注意发挥地方的积极性。他说：

"我去年出去了几趟，跟地方同志谈话。他们流露不满，总觉得中央束缚了他们，地方同中央有些矛盾，若干事情不放手让他们管。他们是块块，你们是条条，你们无数条条往下达，而且规格不一，也不通知他们。他们的若干要求，你们也不批准，约束了他们。"在汇报到设计问题时，毛泽东说：设计是客观实际在人们头脑中的反映，反映不可能就是那么完全，因此就要在实践中修正。世界上没有圣人那种人，有贤人就了不起了。事先什么都知道得很清楚，特别是地下的情况，不可能嘛！讲到技术问题，毛泽东说：我们就要像小学生写仿一样。找到苏联的样本也好，捷克斯洛伐克样本也好，我们就先学他们的。这和行政措施不一样，行政措施要看我们的具体情况，不能样样都学人家的，技术就非学不可。新产品试制，应该多鼓励、少批评。试制一件新东西，开始时总要差一点，限期改正就是了嘛！要搞一个奖励办法。

又如，关于重视发展轻工业和沿海工业的问题，毛泽东在听取轻工业部和纺织工业部汇报时，明确指出："你们野心不大，斗争性不强"，"王道太多，霸道太少，像小媳妇不敢斗争"。"重工业部门都积极抓，你们也要积极搞。你们有理由，要有些霸道"。在谈到机械工业部门不能满足轻工业部门对机械的需要时，毛主席说："凡是重工业部门不敢的，你们自己干。你们干起来，将来交出去也好。"在谈到农业部门供应的烟叶等原料质量下降时，说："你们心平气和，程朱哲学，没有气，没有长角，不敢斗争。农产品质量下降，要向农业部门作斗争。"在汇报到由于考虑国防安全的缘故对沿海工业要采取限制发展方针时，毛泽东说："沿海地区要充分合理发展，不能限制。""有的同志好像战争就要来的样子，准备着架子在等待战争，因此要限制沿海，这样不妥。轻工业百分之七十在沿海，不积极利用，还靠什么来提高生产?""上海地区不作大的扩建，还值得考虑。上海赚钱，内地建厂，这有什么不好? 这和新建厂放在内地的根本方针，并不矛盾。"

再如，关于学习外国的问题，毛泽东在听取重工业口各部汇报时指出，一切国家的先进经验都要学。要派人到资本主义国家去学技术，不论英国、法国、瑞士、挪威，只要他要我们的学生，我们就去嘛! 学习苏联也不要迷信。对的就学，不对的就不学。苏联内务部不受党领导，军队和企业实行"一长制"，我们就不学。"一长制"这个名词有些独裁。过去苏联有电影部，没有文化部，只有文化局;我们相反，有文化部，没有电影部，只有电影局，有人就说我们同苏联不一样，犯了原则错误。后来，苏联也改了，改成和我们一样:设文化部、电影局，取消电影部。……总之，"要打破迷信，不管中国迷信还是外国迷信。我们的后代也要打破对我们的迷信"。从毛泽东发表的意见和评论中，可以看出《论十大关系》形成的思想轨迹，可以看出他对社会主义建设问题的一些思考和见解，对我们今天仍具有重要启示。

在听汇报的那些日子里，毛泽东十分紧张疲劳，用他自己的话来说，现在每天是"床上地下、地下床上"，起床就听汇报，穿插着处理日常工作，听完汇报就上床休息。就以 2 月 15 日这天为例。这天早晨 9 点 40 分开始，刘澜波同志向毛泽东汇报电力工业部的工作，下午一点左右结束;晚上 5 点 20 分，毛主席去勤政殿，会见以西哈努克为首的柬埔寨王国政府代表团;晚上 7 点 10 分，会见结束，回到颐年堂，继续听汇报，一直到晚上 10 点 10 分结束。

毛泽东在分析概括这些汇报中所反映的问题的基础上，结合自己的思考，在 1956 年 4 月 25 日中央政治局扩大会议上作了《论十大关系》的报告。经过 3 天的讨论，他又在 5 月 2 日的最高国务会议上再次讲述，并在讨论结束时作了结论。可以说，《论十大关系》的形成"是调查研究的结果，是总结实践经验的产物，是执行党的实事求是思想路线的典范。"① 还要看到，在《论十大关系》的形成过程中，毛泽东起了主导作用，但是中国共产党其他领导人如周恩来、刘少奇、邓小平、朱德等也做了重要贡献，因此说，《论十大关系》是中国共产党集体智慧的结晶。

第四节　《论十大关系》的中心思想及逻辑结构

中心思想。"把国内外一切积极因素调动起来，为社会主义事业服务"的基本方针，是贯穿全文的中心思想。毛泽东在《论十大关系》的开头和结尾都强调指出："提出这十个问题，都是围绕着一个基本方针，就是要把国内外一切积极因素调动起来，为社会主义事业服务。""我们一定要努力把党内党外、国内国外的一切积极的因素，直接的、间接的积极因素，全部调动起来，把我国建设成为一个强大的社会主义国家。"这就是说，正确处理经济建设和社会发展的十大关系，就是要把一切积极因素调动起来为建设社会主义服务。

逻辑结构。第一部分是此文的第一自然段到第三自然段，介绍了本文的起因和中心思想。指出本文的写作起因是是中央政治局听取 34 个部门的汇报，从中发现有关社会主义建设和社会主义改造的

---

① 李力安：《沿着建设有中国特色社会主义道路前进———纪念〈论十大关系〉讲话发表 40 周年》

十大问题。而本文的中心思想是调动国内外一切积极因素起来，为社会主义事业服务。调动一切积极因素是《论十大关系》的根本指导思想，是处理各种关系的基本出发点。毛泽东指出"提出这十个问题，都围绕着一个基本方针，就是要把国内外一切积极因素调动起来，为社会主义事业服务"。把我国建成社会主义强国，是一项十分艰巨的任务，没有各种积极因素的充分调动，没有亿万人民的广泛参加，是根本不可能实现的。通过分析，毛泽东认为我国的积极因素包括工人农民，他们是基本的积极因素，中间势力是积极因素，反动营垒中转变过来的人们也是积极因素。第二部分提出了十大关系。第三部分最后一自然段，是本文的结论部分，指出这十种关系，都是矛盾。我们的任务，是要正确处理这些矛盾。而处理好这些矛盾的目的就是"努力把党内党外、国内国外的一切积极的因素，直接的、间接的积极因素，全部调动起来，把我国建设成为一个强大的社会主义国家"。

以下重点分析第二部分。本文提出的十大关系，可以归结为经济、政治、对外关系等三个方面。

（一）经济关系方面的五个问题

第一条至第五条，集中分析了中国经济生活中五个方面的关系问题，总结了从 1953 年执行第一个五年计划的实践经验，并以苏联经济建设走过的弯路为借鉴，提出了不同于苏联的中国社会主义建设的基本方针。

第一条，从第五到第十一自然段，阐述了重工业和轻工业、农业的关系。实现工业化，产业结构问题是进行经济建设首先要考虑的。毛泽东提出了工农业并举的重要思想，使农业、轻工业、重工业发展之间保持适当的比例关系。但其中应以重工业为建设的重点，同时，不能忽视农业和轻工业。要用多发展一些农业和轻工业的办法来发展重工业，由于保障了人民生活的需要，它会使重工业发展的基础更加稳固。重工业和轻工业、农业的关系，实际上就是讲中国工业化的道路问题。当时摆在我国面前可供参考的工业化道路有两条，一条是资本主义国家走过的道路，即从发展轻工业开始，经过长时期的积累资金进而发展重工业，实现国家工业化。另一条是苏联走过的道路，即从发展重工业开始，相应地发展轻工业和农业实现国家工业化。前者经历的时间太长，后者把农民挖得很苦，走了弯路。中国要走什么样的道路？毛泽东在本文中首先明确指出以重工业作为社会主义建设的重点，接着指出农业是国民经济的基础，轻工业的发展对积累资金，发展重工业和促进农业的发展都有直接关系。重工业和轻工业、农业的关系是辩证的，互相联系、互相依赖、互相促进的。在怎样处理重工业和轻工业、农业的关系上，存在两种做法。一种是像前苏联那样，片面强调发展重工业，忽视农业和轻工业，即用少发展一些农业和轻工业的办法来发展重工业；另一种是毛泽东指出的用多发展一些农业和轻工业的办法来发展重工业，这种发展重工业的办法，可以使农业、轻工业、重工业协调发展，相互支援，相互促进，从而加快工业化的速度，同时也使人民生活丰富多彩，使人民群众多方面的需要得到满足。毛泽东的论述为后来提出的农业为基础、工业为主导，按农、轻、重的顺序安排经济建设的方针奠定了基础。

第二条，从第十二到十六自然段，阐述了沿海工业和内地工业的关系。沿海工业和内地工业的关系问题，是一个工业发展布局的问题。发展内地工业不能用限制沿海工业的办法，而应该充分利用和相应发展沿海工业来促进内地工业的发展。毛泽东指出，既要重视发展内地工业，改变工业布局不合理的状况，同时又要充分利用和发展沿海的工业基地，以此为基础，加强和发展内地工业，促使全国各地经济的普遍发展，促进全国各个民族之间的团结，促进工业和农业、城市和乡村的更好结合。

第三条，从第十七到第二十二自然段，阐述了经济建设和国防建设的关系。这二者的关系是更深层次的产业结构问题，充满着辩证法。毛泽东指出我们这样一个经济发展落后的大国，建设强大的国防十分重要，但是，一定要有首先加强经济建设的思想。因此，最可行的办法是用增强经济建设的力量来增强国防建设，必须"降低军政费用的比重，多搞经济建设"。经济建设是国防建设的物质基础，离开了经济建设，国防建设就是一句空话。

第四条，从第二十三到第三十二自然段，阐述了国家、生产单位和生产者个人的关系。国家、生产单位和生产者个人的关系，体现了社会生产力和生产关系的矛盾。正确地处理这三者之间的关系，是社会主义建设顺利发展的必要条件。这些关系，是积累和消费、生产和分配、发展生产和改善人民生活的关系问题，也是整体利益和局部利益、长远利益和眼前利益的关系问题。这个问题能否处理恰当，直接关系到社会主义建设能不能持续稳定协调地发展，人民群众的生活能不能得到不断的改善。毛泽东指出，这"是一个关系到六亿人民的大问题"。只有三者兼顾，才符合经济规律的要求，才有利于调动一切积极因素为社会主义服务。

毛泽东在分析国家、生产单位和生产者个人的关系中重点分析了以下四个关系：即国家和工人的关系，国家和工厂的关系，国家和农民的关系，合作社同农民的关系。指出处理国家、生产单位和生产者个人的关系，必须兼顾三者的利益。在社会主义制度下，国家、集体和个人三者的利益在根本上是一致的。正确处理问题的原则是"必须兼顾国家、集体和个人三个方面"，"不能只顾一头"。就是说，既要提倡爱国家、爱集体的思想，把国家的利益放在第一位，任何时候，生产者个人的、眼前的利益，都应当服从国家的、集体的、长远的利益。又要很好地照顾生产者个人的利益，如果只顾国家、集体的利益，不顾生产者个人的利益，就会影响劳动者的生产积极性，因而也就会影响国家和集体利益。但是反过来，如果只顾个人利益不顾集体和国家利益，或者只顾个人和小集体的利益，损害国家利益，挖公有制以肥私，最终也损害了个人的根本利益，对国家、集体、个人三者都没有好处。因此"无论只顾哪一头，都不利于社会主义"。在国家和生产单位的关系上，毛泽东主张"要有统一性，也要有独立性"，什么都集中在中央和省市是不妥的，不利于调动企业的积极性。

第五条，从第三十三到第四十二自然段，阐述了中央和地方的关系。处理好中央和地方的关系问题，充分发挥两个方面的积极性，这也是调动一切积极因素的一个重要内容。毛泽东指出，应在巩固中央统一领导的前提下，适当扩大地方的权力，给地方更多的独立性，让地方办更多的事情。这里已开始触及到经济体制问题。中央和地方的关系是中央集权和地方分权的关系，是整体和局部的关系。为了建设一个强大的社会主义国家，必须建立强大的物质技术基础，在一定时期内，必须由中央集中全国的人力物力办好那些重大的骨干企业。但是，只有中央的集权，没有适当的地方分权，也是不行的。我们国家这么大，各地自然条件不同，经济发展又不平衡，因此需要在巩固中央统一领导的前提下，给地方更多的独立性，让地方因地制宜地办更多的事情。这样，才能更好利用地大物博、人口众多的优越条件，对加速农业机械化，缩小城乡差别，因地制宜地发展各项社会主义事业，都有着极重大的意义。"有中央和地方两个积极性，比只有一个积极性好得多"。

（二）政治关系方面的四个问题

第六条至第九条，集中提出了关于社会主义政治生活领域的一系列方针政策。

第六条，从第四十三到第四十八自然段，阐述了汉族和少数民族的关系。正确处理汉族与其他少数民族的关系，是调动一切积极因素，为社会主义事业服务的又一重大问题。我国是一个多民族的统一国家，搞好汉族同少数民族的团结，对于巩固国防，加强统一的社会主义国家，建立布局合理的工业体系，都有重大的意义。要搞好民族团结，必须认真执行民族政策，着重反对民族歧视，反对大汉族主义。汉族人民必须积极帮助少数民族发展经济建设和文化建设共同努力建设伟大的社会主义祖国。

第七条，从第四十九到第五十五自然段，阐述了党和非党的关系。党和非党的关系是讲正确处理共产党和民主党派的关系。共产党和民主党派的关系在建国以后是执政党和参政党的关系。毛泽东认为必须实行"长期共存、互相监督"的方针，尽可能调动民主党派的积极性，为社会主义事业服务。共产党和民主党派长期共存，这在整个社会主义历史阶段都将存在。民主党派在抗日战争、解放战争中，参加了我们党所领导的统一战线，为建立新中国做出过贡献。在社会主义时期，民主党派和无党派民主人士愿意接受中国共产党的领导，为社会主义服务。对民主党派实行"长期共存、互相监督"的方针，可以使我们党经常听到各方面的意见和要求，同时也有利于团结他们为社会主义事业，为祖国的和平统一做出贡献，这对人民、对国家都是有利的。

第八条，从第五十六到第六十八自然段，阐述了革命和反革命的关系。主要讲正确处理敌我矛盾问题。为了巩固人民民主专政，镇压反革命是必要的，清查反革命也是必要的，因为反革命"是消极因素，破坏因素，是积极因素的反对力量"，因此"一定要分清敌我"。但是要注意化消极因素为积极因素。毛泽东指出对反革命分子要尽可能地化消极因素为积极因素，有些死心塌地的反革命不会转变，但是在我国的条件下，他们中间的大多数将来会有不同程度的转变。要利用强大的无产阶级的政权、正确的政策、人民群众力量的强大及其觉悟等条件，使消极因素转化为积极因素。

第九条，从第六十九到第七十四自然段，阐述了是非关系。主要讲正确处理好人民内部矛盾。毛泽东在本文指出：第一，"是非一定要搞清楚"。对于人民内部的种种错误思想，不良倾向，党内的原则争论，一定要搞清楚，不准含糊。不弄清是非就不可能有真正的团结。判断是非的标准是是否利于社会主义，是否有利于加强党的领导；第二，对犯错误的同志采取"惩前毖后，治病救人"的方针。对于犯了错误的同志，要进行必要的批评、帮助，甚至必要的斗争，但是这种批评和斗争应从团结的愿望出发，经过批评或斗争，分清是非，在新的基础上达到新的团结。毛泽东反对对犯错误的同志搞"残酷斗争，无情打击"，"一棍子打死"，主张对于犯错误的同志要帮助他们改正错误，允许他们继续革命，这是"团结全党的方针"。人不犯错误是不可能的，问题是对错误采取什么态度，必须"一要看，二要帮"。总之，在处理人民内部矛盾时，既要讲团结，又要讲斗争。二者缺一不可。

（三）对外关系方面的问题

第十条，从第七十五到第八十八自然段，强调要正确处理对外关系，也就是中国和外国的关系。论述了向外国学习的问题。毛泽东提出既要坚持独立自主、自力更生的方针，反对崇洋媚外，又要认真学习外国的好经验，反对排外主义。他指出，中华民族是世界的一部分，每个民族、每个国家都有它的长处，同时都有它的短处。因此，在社会主义建设中，我们必须虚心学习外国的长处，借鉴外国的长处，调动国外的积极因素，这对于我们的社会主义事业有利。外国的政治、经济、科学、技术、文学、艺术的一切真正好的东西都要学。我国在"自然科学方面，我们比较落后，特别要努力向外国学习"，外国"先进的科学技术和企业管理方法中合乎科学的方面"也要学习，以利于改进我们的工作。学习要与中国的实际相结合，反对教条主义，生搬硬套，"必须有分析有批判地学，不能盲目地学，不能一切照抄，机械搬运"，应当在独立自主、自力更生建设社会主义的基点上，认真学习和研究一切国家的好经验和先进的科学技术，根据我国的实际情况，取其精华，去其糟粕，为我所用。同时，毛泽东强调指出：中国一定要谦虚，一万年以后也要向外国学习，还要提高民族自尊心和自信心。

为什么说毛泽东是探索中国社会主义建设道路的开创者？毛泽

东的一生，都在为国家和人民服务，建国前，功勋无人可及；建国后，有成绩也有错误。但是无论功过、方法，没有人可以否认毛泽东所做的一切，他的出发点都是为了新中国的建设和社会主义事业的顺利进行。事实上，暂且抛开他的失误和错处，毛泽东在中国社会主义建设道路上作出的努力有理、有据、有效，为国家的发展做出了不可磨灭的贡献。1956 年，是毛泽东探索适合中国国情的社会主义建设道路的开端。当时，新中国刚成立不久，因为没有经验，在经济建设上只得学习甚至照搬苏联的做法。在经过执行发展国民经济的第一个五年计划的实践后，中国共产党和人民政府积累了进行建设的初步经验。1962 年 2 月召开的苏共二十大则进一步暴露了苏联在社会主义建设中存在的缺点和错误。在这种情况下，中国共产党人下定决心走自己的路，开始了自己探索适合中国情况的社会主义建设道路。在探索中国的社会主义建设道路面前，中国共产党首先要解决的是如何把马克思列宁主义原理同中国实际相结合的问题。在 1956 年初召开的中共中央书记处会议上，毛泽东提出：我们从苏共二十大得到的最重要收益是要学会独立思考，从各个方面考虑如何按照中国的实际情况办事，如何把马克思列宁主义的基本原理同我国革命和建设的具体实际结合起来，制定适合中国建设社会主义的具体道路。毛泽东提出的关于马克思列宁主义同中国实际的"第二次结合"的任务，为探索适合中国情况的社会主义道路，提供了基本的指导原则。

早期探索的积极进展。从那时起，毛泽东对中国社会主义建设道路进行了四次比较集中的探索：第一次的探索是在 1956 年，以《论十大关系》为标志，初步形成中国社会主义经济、政治、文化建设的新方针；1956 年 2 月到 4 月中，毛泽东先后听取了国务院工业、农业等 34 个部门的工作汇报，在听取汇报的基础上，逐渐形成了《论十大关系》的基本思路，并先后在 4 月 25 日中央政治局扩大会议和 5 月 2 日最高国务会议上做了《论十大关系》的报告。在报告中，毛泽东强调：工人、农民是人民群众的主体，建设社会主义，必须依靠工农群众，充分强调工农群众的积极性，还须巩固各民族的团结、与各民主党派"长期共存，互相监督"，并进一步提出了指导方针"艺术问题上的百花齐放、学术问题上的百家争鸣"。《论十大关系》是以毛泽东为主要代表的中国共产党人开始探索中国自己的社会主义建设道路的标志，它在新的历史条件下从经济方面和政治方面提出了新的指导方针，为中共八大的召开做了理论准备。在后来毛泽东回顾时说：前八年里中国都是在照抄外国的经验，但从 1956 年提出了十大关系起，中国真正开始找到了一条适合自己发展的道路。

第二次的探索是在 1957 年到 1958 年初，以《关于正确处理人民内部矛盾的问题》为标志，科学分析社会主义社会的基本矛盾，提出要把党和国家的工作重点转移到技术革命上来：社会主义改造基本完成后，不少人对新的社会制度还不能够马上适应，再加上党和政府的一些部门的主观主义、官僚主义作风盛行引起了一些群众的不满。在 1956 年下半年里，一些地区出现了工人罢工、学生罢课、农民退社等情况。1957 年 2 月，毛泽东在扩大的最高国务会议上发表了《关于正确处理人民内部矛盾的问题》的讲话，他提出要正确地处理人民内部矛盾的问题，就要有一个重要的指导思想，那就是"团结全国各族人民进行一场新的斗争——向自然界开战，发展我们的经济、文化，使全体人民比较顺利的走过目前的过渡时期，巩固我们的新制度，建设我们的新国家"。另外他还提出了"矛盾是普遍存在的"的观点，并对社会主义社会的基本矛盾做了科学的分析。《关于正确处理人民内部矛盾的问题》是一篇重要的马克思主义文献。它创造性地阐述了社会主义社会矛盾学说，是对科学社会主义理论的重要发展，对中国社会主义事业有着长远的指导意义。

第三次是在 1958 年 11 月以后，纠正"大跃进"和人民公社化中的失误，认识到中国还处在社会主义的不发达阶段，要大力发展商品生产，并明确提出四个现代化的发展目标：1957 年"一五"计划的提前完成，极大的激发了全国人民在短时间内彻底改变国家"一穷二白"面貌的斗志。在胜利面前，毛泽东以及中央和地方不少领导干部滋长了骄傲自满的情绪，过分夸大了主观意志和主观努力的作用，急于求成、忽视了经济的客观规律。毛泽东是"大跃进"和人民公社化运动的积极倡导者和推动者，但也是中共中央领导集体中较早地觉察并纠正"左"倾错误的领导人。此后，毛泽东一直致力于纠正急于向全民所有制和共产主义过渡的倾向。

第四次是从 1960 年底开始，开展纠"左"和恢复国民经济工作，指出对社会主义的认识还处在必然王国，制定分两步走的现代化发展战略，初步形成适合中国情况的社会主义建设的各项具体政策。在毛泽东带领下的中共中央领导为了国家的发展开展了早期的探索，并取得了重大的成就，但是，在探索中也遭遇到了严重的挫折。"大跃进"和人民公社化的运动的发动、"左"倾错误的泛滥、国民经济出现了严重的困难等一系列事情发展成为了后来"文化大革命"发生的导火线。发生在 1966 年 5 月至 1976 年 10 月的这场由毛泽东发动和领导的"文化大革命"是一个全局性的、长时间的"左"倾错误，它使得中国共产党、国家和人民遭到了新中国成立以来最严重的挫折和损失。

社会主义是人类历史上全新的事业，由于中国是在经济文化比较落后的基础上建设社会主义的，所以要把马克思列宁主义同中国实际全面地、正确地结合起来，从而找到适合中国情况的社会主义建设道路，不能不经历一个在实践中积累经验的过程，经历一个相当长时间探索的过程。而自 1957 年下半年以来中国共产党所犯的错误，尤其是"文化大革命"的严重错误，正是中国共产党在独立地寻找中国自己的社会主义建设道路过程中发生的错误。毛泽东作为伟大的无产阶级革命家之所以会犯像"文化大革命"这样的全局性严重错误，以及这场错误的"大革命"之所以会发生并且持续十年之久，是有深刻的社会历史原因的。邓小平曾指出，从建国到 1978 年 30 年的成绩很大，经历的经验教训有很多条，最重要的一条就是要搞清楚一个问题，那就是什么是社会主义、如何建设社会主义。在毛泽东领导下的中国共产党即使在犯错误的时候，其性质和宗旨都没有改变过，人民群众依然把它看做是自己根本利益的代表者，对它赋予了最大的信任和希望。即使是在"文化大革命"的特殊年代里，中国共产党并没有被摧毁而且还能维持统一，中国社会主义制度的根基仍然保存着，社会主义经济建设还在进行，国家仍然保持统一并且在国际上发挥着重要的影响。这些重要的事实，既同毛泽东的巨大作用分不开，也是广大党员、干部和人民群众共同努力的成果。在"文化大革命"中，毛泽东保护过一些党政军领导干部和党外著名人士，使一些负责干部重新回到重要的领导岗位，毛泽东领导了粉碎林彪反革命集团的斗争，对江青、张春桥等人进行过重要的批评和揭露，不让他们夺取党和国家最高领导权的图谋得逞。在外交关系上，毛泽东和中国共产党始终警觉地维护国家的安全，并开创了外交工作的新局面。

在新中国成立后长达 20 年的时间里，尽管经历过严重的曲折，还是取得了重大的显著的成就。第一、基本建立了独立的、比较完整的工业体系和国民经济体系，国民经济实力显著增强。第二、人民生活水平的提高与文化、医疗、科技事业得到了高速的发展，初步保障了人民的基本生活需要、人民的文化素质和健康水平得到了大大的提高，同时在科研方面，新中国在核技术、人造卫星和运载火箭等尖端科学技术领域也取得了一批重要的科技成果。第三、新中国的国际地位不断提高，国际环境也得到了很好的改善。随着中美、中日关系的正常化，出现了 1972 年西方国家对华建交的热潮，中国外交格局发生了重大的变化。同中国建交的国家，从 1965 年的 49 个增加到 1976 年的 111 个，仅 1970 年以后新建交国就有 62 个。

以毛泽东为主要代表的中国共产党人在创建新中国和探索适合中国情况的社会主义建设道路过程中，逐步地形成或进一步完善了具有中国特点的社会主义根本制度，并在此基础上，毛泽东等领导人作出了一系列重要的理论创造。在社会主义经济建设方面，毛泽东提出，要实行以农业为基础、以工业为主导的方针，正确处理重工业、轻工业和农业的关系，以农、轻、重为序发展国民经济；在优先发展重工业的条件下，坚持工业和农业并举、重工业和轻工业并举、中央工业和地方工业并举、大中小企业并举等"两条腿"走路的方针；正确解决好综合平衡的问题，处理好积累和消费、生产和生活的问题，处理好国家、集体和个人的关系，统筹兼顾，适当安排。在社会主义民主政治建设方面，毛泽东提出，要把"造成一个又有民主，又有纪律又有自由，又有统一意志，那样一种政治局面"作为努力的目标；把正确处理人民内部矛盾作为国家政治生活的主题，坚持人民民主，尽可能团结一切可以团结的力量；处理好中国共产党同各民主党派的关系，坚持长期共存、互相监督的方针，巩固和扩大爱国统一战线；切实保障人民当家做主的各项权利，尤其是人民参与国家和社会事务管理的权利。在社会主义文化建设方面，毛泽东提出，要坚持马克思主义的指导地位，实行"百花齐放、百家争鸣"的方针，对古今中外的优秀文化实行"古为今用、洋为中用、百花齐放、推陈出新"的方针；思想政治工作是经济工作和其他一切工作的生命线，要实行政治和经济的统一、政治和技术的统一、又红又专的方针；要向科学进军，不能走世界各国发展科学技术的老路，而应独立自主、自力更生、奋发图强，努力追赶世界先进水平。在国防建设和军队建设方面，毛泽东提出必须加强国防、建设现代化正规化国防军和发展现代化国防技术的重要指导思想，并为巩固国防制定了积极防御的战略思想，积累了军事斗争同政治斗争、外交斗争相结合的独创性经验。在执政条件下加强共产党自身建设方面，毛泽东最早察觉到帝国主义的"和平演变"战略的危险，号召共产党人提高警惕，同这种危险作斗争。他提出，必须切实解决"培养无产阶级革命事业的接班人"的问题。

以毛泽东为主要代表的中国共产党人所阐明的这些重要思想，为党继续进行探索并系统形成中国特色社会主义理论体系提供了重要的基础。毛泽东是探索中国自己的社会主义建设道路的开创者。他带领全党和全国人民顶住来自外部的各种影响和压力，坚持不懈地进行这种探索。毛泽东等老一代革命家作为中国社会主义建设道路开创者的历史功绩，将永远记载在党和国家的史册上。

第二章
如何搞活经济建设

在《论十大关系》中，讲到经济关系的有五大关系，其中最重要的就是工业与农业这两个产业的关系。正确处理重工业和轻工业、农业的关系，这是毛泽东探索中国的建设道路首先要考虑的问题。

第一节　正确处理农业、轻工业和重工业的关系

（一）《论十大关系》中的农业发展思想

《论十大关系》中农业发展思想的历史依据。毛泽东从参加革命起，在探索中国的革命道路过程中，历来都是从中国的具体实际出发，他认识到中国是一个半封建半殖民地的落后的大农业国，在总结了井冈山根据地和其他革命根据地的经验基础上，提出并

阐明了中国新民主主义革命必须走农村包围城市的道路，并且指出农民问题是中国革命的基本问题，要推翻帝国主义和封建制度，由新民主主义到社会主义，只有依靠工农联盟。毛泽东在认识农民及农业在中国社会经济发展中的地位上，创造性地运用了马克思主义的基本原理，并使之与中国的具体实际相结合。马克思指出：**"超过劳动者个人需要的农业劳动生产率，是一切社会的基础。"**[①] 也就是说，农业是人类衣食之源，只有当农业有了较高的劳动生产率，特别是能够生产更多的粮食，除了供应农业人口外，还可以供应其他人口时，国民经济其他部门才有可能发展。毛泽东在七届二中全会上科学的分析了当时中国经济各种成分的状况，这是在革命胜利后，在一个相当长的时期内，一切问题的基本出发点。他还指出，在抗日战争以前，从全国范围来讲，中国的农业和工业在国民经济中的比重，大约是农业和手工业占百分之九十左右，现代性的工业占百分之十左右，并且那大约百分之九十的农业和手工业还处于分散的、落后的状态，是"同古代近似的。"因此，毛泽东告诫全党说："从现在起，党的工作重心由乡村移到了城市，城乡必须兼顾，绝不可以丢掉乡村，仅顾城市，如果这样想，那是完全错误的。"

《论十大关系》中农业发展思想的现实根据。在 1959 年到 1961 年，毛泽东对"重、轻、农"之间的关系有了进一步的深化的认识。由于自然灾害、"大跃进"的错误以及中苏关系的恶化，我国遭遇了严重经济困难时期，解决人民群众的温饱成为当时的首要问题。这时，毛泽东具有了初步的以农、轻、重为序，安排国民经济计划的思想。在 20 世纪 60 年代初期，毛泽东开始提出以

---

① 《马克思恩格斯全集》第 25 卷，第 885 页

农业为基础、以工业为主导的思想。在党中央提出"以农业为基础、以工业为主导"的发展国民经济的总方针之后，农业为发展工业，特别是发展重工业，做了巨大支援。

毛泽东始终重视农业的发展。毛泽东还曾多次强调，要继续重视农村工作，加强农业建设，一定要切实改善农民的生活条件，提高农民的生活水平。他指出，只有穷的要富裕并且富裕的程度要大大超过现在的富裕农民，最后使农民群众共同富裕起来，领导农民走上社会主义道路，才能巩固工农联盟。因此，农业关系到国家政权的稳定，不抓农业，不多生产粮食，天下总有一天会大乱，正如毛泽东所讲，对于我国经济的发展和政权的巩固，至关重要的是农民的情况如何。因为在我国当时有5亿多农业人口要生活和从事农业生产，他们必须先养活自己，并且所需的其他的日用的非商品性的农产品等也需要农业来解决。而且这个自给数目极大，1956年全国粮食总产的四分之三以上是由农民自己消费掉的。只有农业搞好了，农民生活有了保障，工农联盟为基础的国家政权才能得到巩固。

农业是工业发展的基础。农业的发展，不仅为轻工业的发展提供原材料和市场，同时也为重工业的发展提供了广阔的市场。一方面，农业为重工业所生产出来的各类农业机械、化学肥料、部分的电力等提供了坚实的基础和市场条件；另一方面，公路、铁路以及大型水利工程也为农业提供了全面的服务，但是，如果农业依旧处于当时那种分散的、落后的，"同古代近似的"状态，他为重工业提供的市场也是虚幻的。所以当时毛泽东积极推进农业合作化，其根本宗旨就是"不断提高农业生产力"，通过合作化道路，把分散经营转变为集中经营，从而有利于购置公有生产资料，进行农业技术改造和农田基本建设，提高劳动生产率，而重工业只有在农业已经形成了合作化的大规模经营的基础上，如拖拉机的生产、其他农业机器的生产、提供农业使用的现代运输工具的生产、工农业使用的煤油和电力的生产、化学肥料的生产等，才能大量地使用或才有使用的可能。因此，毛泽东在《论十大关系》中指出，如果是真的想加快发展重工业，那就必须注重农业，加重对农业的投资，多发展农业，这样会使重工业发展的基础更加稳固，使它发展得更快一些。工业的快速发展需要有大量的资金，这当时只有靠我们自己来解决，而农业的发展又能为工业的发展提供资金来源。加重对农业的投资，一方面可以更快的增加资金积累，另一方面可以更好的供给人民生活的需要。农业之所以能为工业的发展提供资金，主要来源于两个方面：一方面是外部方面，即通过出口创汇。当时中国的出口商品中，绝大部分是初级商品，其中又主要以农产品为主，它们所创造的外汇收入，就可以用以引进各种先进的工业设备，另一方面是内部方面，即通过自身的积累，首先是向国家上缴直接的农业税，其次是发展轻工业，用生产的产品去满足农民所需要的大量的生活资料，并同农民拥有的商品粮食和轻工业原料相交换，为工业的发展积累资金。

总之，毛泽东依据马克思主义的普遍原理，结合中国的具体实际，在新中国的建设过程中，强调农业的基础性地位，不仅是我国整个国民经济的基础，也是以工农联盟为基础的人民民主专政的国家政权得以巩固的基础。目前，我党以科学发展观为指导，确定了"建设社会主义新农村"的重大任务，究其根源在于毛泽东前瞻性地强调了农业在国民经济中的基础地位和作用。目前，我国尽管工业化已"达到相当程度"，工业水平有了质的提升，但农业的发展已经远远滞后于工业，"三农"问题还很突出。所以，在总体上，党中央提出了"多予、少取、放活""工业反哺农业、城市支持农村"的方针，并做出了"以城带乡、以工促农"的发展阶段的重要论断。今天，结合当前的农业实际，重新学习毛泽东在《论十大关系》中的这个思想，不仅是必要的，而且是很有现实指导意义的。

（二）《论十大关系》中的工业发展思想

发展重工业、轻工业思想的提出。在《论十大关系》中，毛泽东首次把重工业和农业、轻工业的关系作为一个独立的战略问题进行考察，指出："重工业是我国建设的重点。必须优先发展生产资料的生产……但是决不可以因此忽视生活资料尤其是粮食的生产……所以，重工业和轻工业、农业的关系，必须处理好。"在随后召开的八大上，刘少奇指出：我国的工业化事业是以发展重工业的生产，即生产资料工业的生产为基础的。我们在今后必须继续贯彻执行优先发展重工业的政策。1957年，毛泽东又把"重、轻、农"的关系问题提到了中国工业化道路的高度加以论述，指出"这里所讲的工业化道路的问题，主要是指重工业、轻工业和农业的发展关系问题"。并强调："我的经济建设是以重工业为中心，这一点必须肯定。但是同时必须充分注意发展农业和轻工业"。优先发展重工业，原因在于：借鉴苏联经验，加快积累，赶超发达国家，巩固国防，以及对历史上工业化教训反思等等。

深化"农、轻、重"三者关系对我国经济发展的重要意义。我们以历史上的"大庆会战"为例，更能直观地生动地理解《论十大关系》中的工业发展思想。大庆会战能够在当时经济严重困难的情况下展开并取得胜利，就是毛泽东提出的深化"农、轻、重"三者关系思想的具体体现和生动实践。周恩来在 1956 年就强调：为了打牢工业化的基础，"二五"计划期间必须积极进行工业中落后部门——石油工业等的建设。虽经"一五"建设努力，但石油工业发展还远不能满足国家需要。到 1959 年全国石油自给率只有 40. 16%。1960 年国家对石油及其产品的需求超过 1 000 万吨，而国内最大生产能力也只有 500 万吨。在当时的国际环境，靠外援进口原油已非常困难。中央组织大庆会战，正是为了破解"贫油"的难题。会战胜利从根本上改变了我国石油工业落后面貌。但是，由于"大跃进"的错误，加上自然灾害和中苏关系开始恶化，我国在 1959 年到 1961 年遭遇了严重经济困难，解决温饱成为首要问题。这时毛泽东对"重、轻、农"关系认识有了深化。他初步具有了以农、轻、重为序安排国民经济计划的思想。但他同时指出：所谓并不否认重工业优先增长以"农、轻、重"为序，这样提还是优先发展生产资料……重工业我们是不会放松的。20世纪 60 年代初期，他开始提出以农业为基础、以工业为主导的思想。基于此，1962 年，中央提出了以农业为基础、以工业为主导的发展国民经济的总方针。大庆会战按照中央精神，从 1960 年下半年开始，既大抓石油生产，又大抓农副业生产。从而克服经济困难，保证了油田生产。总体而言，工业和农业同时并举，是我党工业化思想的一大特色，但是，优先发展重工业是党建构新中国工业化起步战略的主导观念。

　　实践证明，优先发展重工业战略，是建国后加快工业化进程的有效途径。当然，这一战略选择也经历了曲折。为发展工业，特

别是发展重工业，农业做出了巨大支援。今天，我国工业化已
"达到相当程度"，工业水平已有了质的提升，而农业的发展却远
远滞后于工业，三农问题突出。因此，在新的历史条件下，我们
为了正确处理工业与农业的关系，还是要回到毛泽东《论十大关
系》中，尝试寻找一些关于工业与农业关系的启示。《论十大关
系》在新的历史条件下，无疑是指导经济社会协调发展，全面建
设小康社会重要的指导思想。

第二节　正确处理沿海工业和内地工业的关系

为什么提出要正确处理沿海工业和内地工业的关系问题。旧中
国我国的工业非常落后，仅有的不多的工业布局也非常不合理。
"我国全部轻工业和重工业，都约百分之七十在沿海，百分之三十
在内地。"据1952年统计，在工业总产值中，沿海各省占到70%
左右，而内地只有30%左右。这种不合理的的工业布局是旧中国
半封建半殖民地性质的反映。新中国成立后，从国防安全和合理
布局工业的角度出发，再加上建国初期国际形势还比较紧张，于
是对沿海搞新的基本建设控制得很严，新建项目基本上全部放在
内地。这种做法是正确的。但是另一方面，从建国到1955年底，
沿海工业对推动我国的工业建设和整个国民经济的发展，却又起
着举足轻重的作用。单上海实现的利润就占第一个五年全国基本
建设投资总额的20．19%。因此不能正确处理沿海工业和内地工
业的关系，我国工业化就化不了。毛泽东讲："最近几年，对沿海

工业有些估计不足，对它的发展不那么十分注重了，这要改一下。过去朝鲜战争还在打，国际形势还比较紧张，不能不影响我们对沿海工业的看法。现在，新的战争和新的世界大战，估计短期内打不起来，可能还有十年或更长一点的和平时期，如果还不完全充分利用沿海工业的设备能力和技术力量，那就不对了。"也就是说，过去对工业的看法，以及对工业布局的调整没有错，现在重新重视和利用沿海工业也没有错。这是因为环境变了，时间变了。

在这种情况下如何处理沿海与内地的关系，是一个重要的问题。毛泽东在《论十大关系》中，分析了我国工业布局不合理状况时，他指出："我国全部轻工业和重工业，都有约百分之七十在沿海，只有百分之三十在内地。这是历史上形成的一种不合理的状况。"新中国成立后，从国防安全和合理布局工业的角度出发，对沿海搞新的基本建设控制得很严，新建项目基本上全部放在内地。这一做法是对的，但对沿海工业的作用有所忽视。对此，毛泽东指出："沿海的工业基地必须充分利用，但是，为了平衡工业发展的布局，内地工业必须大力发展。"他强调指出："好好地利用和发展沿海的工业老底子，可以使我们更有力量来发展和支持内地工业。"

毛泽东关于不同时期，不同历史条件下对工业布局的侧重点不同的思想，对于我们今天搞好经济建设，合理规划工业布局仍然有非常重要的现实意义。改革开放20多年来，我国的经济发展重点一直放在沿海，因为那里有区位优势，资源（海外资金、人才）优势和信息优势。但是经济发展到今天，在沿海经济取得长足进展，东西部地区差距进一步拉大的时候，国家的经济发展侧重点和优惠政策应该往中西部地区倾斜。我国目前实施的西部大开发战略和扶持老工业基地发展的政策，可以说是对毛泽东《论十大关系》中的工业经济思想的运用。

为什么说沿海工业内迁具有历史原因？抗日战争初期，日本侵略者大举进攻华北和华东地区，相继占领北平、天津、上海、南京等大城市，严重威胁了中国民族工业的生存。为使企业免遭掠夺，保存国家的建设力量，很多民族资本家胸怀爱国热情，集议举厂内迁，从而出现了大批沿海工厂向大后方迁移的壮举。近代中国民族工业是在帝国主义和封建势力的压迫下畸形发展起来的，分布极不合理，大都集中在沿海各省，内地和边疆很少，个别省区甚至没有一家工厂。据统计，战前全国登记注册的工厂共 2 435 家（不含东三省），沿海各省有 2 241 家，占 92%，其中上海一地就有 1 186 家，占全国总数的 48.7%。同时，战前上海的技术人员亦占全国的 41%。卢沟桥事变后，日本发动全面侵华战争，沿海民族工业饱受战火摧残，损失甚巨。如淞沪会战中，上海工厂被毁 905 家，损失金额达 15 576.4 万元，其中原料损失 8 548.4 万元，苏州、无锡、常州一带工业设施损失超过 50%。就行业而言，纺织业最重，其次是面粉、造纸、印刷、火柴、盐酸、制碱等，矿产机械、交通运输业的损失亦相当严重。与此同时，日本加强了对中国沿海的封锁，企图以破坏经济的方法威胁中国国民及军队的生存。

面对经济遭受毁灭的严重局面，社会舆论强烈呼吁沿海工业内迁。1937 年 7 月 28 日，国民政府资源委员会机器化学工业组在南京召开会议，讨论抗战开始后的军需供应问题，决定着手"调查上海各华厂现有工具机器并接洽有无迁移内地之可能"。会后，林继庸、庄前鼎、张季熙三人赴上海与各工业界人士洽商。30 日，上海机器五金同业公会召开执委会议，邀请林继庸等参加。会上，大鑫钢铁厂余名钰、上海机器厂颜耀秋、新民机器厂胡厥文、新中工程公司支秉渊、中华铁工厂王佐才等一致赞同将自办工厂迁移内地，并公推颜耀秋和胡厥文为代表，由林继庸陪同赴南京洽商具体办法及迁移费等问题。8月6日，资源委员会机器化学组开会，议定将机器厂及中国工业炼气公司、大中华橡胶厂、天原、天厨、天盛等化学厂迁移内地。10日，国民政府行政院第324次会议决定拆迁上海工厂，以资源委员会为主办机关，会同财政部、军政部、实业部组成上海工厂迁移监督委员会，以林继庸为主任委员，在沪主持迁厂事宜，并调拨资金56万元，作为迁移初期经费。8月11日，上海工厂迁移监督委员会正式成立。翌日，上海各业工厂召开会议，又成立了以颜耀秋为主任的上海工厂联合迁移委员会，具体负责上海工厂内迁。国民政府还成立了中央迁厂建设委员会，以协助各厂计划迁移。各兵工、军需厂及由资源委员会统筹的国营厂矿拆迁工作，则分由军工部兵工署、军需署、资源委员会负责进行。上海工厂联合迁移委员会决定迁移实施的办法是：（1）指定各厂迁移机件、材料以武昌徐家棚为集中地点，然后分别西去宜昌、重庆，北上西安、咸阳，南下岳阳、长沙，广东方面的工厂迁往广西和云南；（2）上海南市工厂机件，集中闵行、北新泾或南市起运；在闸北、虹口、杨树浦一带者，先行至租界装箱，由苏州河或南市水陆起运。（3）凡机件、材料、半成品、工具等，经审查准迁者发给装箱费每立方尺0.35元，运至武昌者每吨53元，成品运至镇江者每吨12元。各厂抢运机件如在危险地带者，可不待检验，径自装船运出。上述办法尚未实施，便爆发了八一三事变。因此，上海工厂的迁移始终是在战火纷飞中进行的。8 月 15 日，准备内迁的各厂职工冒着敌机轰炸的危险抢拆机器，拆完马上扛走装箱。有的白天不能工作，就在夜间进行。由于日机不断轰炸，火车运输停顿。长江下游要塞封锁后，大轮船也无法起运，汽车大多供前方军用，内迁各厂只好利用江南水路，依靠划子经苏州河达镇江，再换船转运武汉。27 日，顺阳机器厂、上海机器厂、新民机器厂、合作五金厂四家的 22 船机件，冒险沿苏州河第一批运出上海。28 日，第二批大鑫钢铁厂、启文机器厂、新中机器厂、利用机器厂、姚兴昌机器厂等六家机件及工人也由苏州河陆续运出。至 9 月 12 日，上海已迁出工厂21 家。

最初，政府补助迁移的只是少数机器厂，甚至不包括化工、机电、电器等重要行业，随着淞沪战事扩大，要求政府协助迁移的工厂越来越多，于是资源委员会于 9 月 18 日向行政院呈交"迁移工厂扩充范围请增经费办法案"，要求扩大迁移工厂的种类，迅速拨款援助。27 日，行政院责成刚成立的工矿调整委员会增拨 52.6万元迁移费，以补助吴蕴初四家"天"字号化工厂，并决定自此以后所有工厂内迁均以所定工厂迁移原则为协助标准，实际取消了对民营企业迁移的补助费。这一限制遭到社会舆论强烈的反对。10 月 26 日，上海国货联合会、中华工业总联合会联名致函工矿调整委员会，要求政府对民生日用之轻工业各厂的迁移统筹规划。这时，闸北失守，上海的形势更加危急。苏州河一段航线被切断，各厂物资只得取道黄浦江，运往松江，然后经苏州、无锡抵镇江转运。11 月初，日军在杭州湾登陆，使松江河道受到威胁，迁移路线再改，运输更加艰辛。12 日，上海失陷，各厂沿长江迁移的运输结束。至此，上海共迁出民营工厂 146 家，机件 14 600 余吨，技术工人 2 500 余名，计分机械五金业 66 家、造船业 4 家、炼钢业 1 家、电器及无线电业 18 家、陶瓷玻璃业 5 家、化学工业 19 家、炼气业 1 家、文化印刷业 14 家、纺织染业 7 家、饮食品业 6 家、其他工业 5 家。在办理上海工厂内迁的同时，工矿调整委员会开始筹划其他沿海地区工厂的内迁，曾派人赴江苏、山东、河南、河北等地抢运物资。11 月 16 日，国民政府军事委员会核准颁布了《工厂迁移协助办法》，扩大了迁移范围，规定："迁移之工厂矿厂分为两种，一种为军需厂矿，二为普通厂矿"，对于军需厂矿，给予种种优惠，如迁移费、运费、建厂费的补助，免税、政府担保和低息贷款等。普通厂矿也规定"予以免税、免验，便利运输，代征地亩等之便利"。从此，全国规模的厂矿西迁运动开始兴起。但是，由于形势急剧恶化，其他沿海地区工厂内迁的情况颇不理想。江苏仅迁出庆丰纱厂、苏纶纱厂、公益铁工厂、震旦机器厂和大成纱厂等少数几家，南京迁出者仅为永利公司机器厂和京华印书馆；山东青岛迁出冀鲁制针厂及华新纱厂，济南迁出大陆铁厂；河南迁出豫丰纱厂和农工器械厂；浙江迁出中元造纸厂和嘉兴民丰纸厂部分机件；河北仅运出材料一批，未能迁出厂矿。另外，山西太原西北制造总厂、安徽大中华火柴厂、芜湖中国植物油料厂、江西九江裕生纱厂、光大瓷业公司等也辗转迁入内地。

至于兵工、军需厂及国营厂矿，国民政府军政部和资源委员会也加紧迁移。1937 年 10 月以后，军政部将其所属上海炼钢厂、金陵兵工厂、巩县兵工厂、电信机修厂、交通机械厂、株洲炮技处、广东兵工厂、武昌被服厂、制呢厂等迁往内地。资源委员会将其所统筹的中兴、淮南、大通、中福、六河沟、萍乡、高亢等煤矿及大冶、汉阳铁厂、湖南铝锌厂、中央机器厂、中央电工器材厂等西迁。建设委员会的首都电厂、句容分厂和戚墅堰电厂的部分机件，也拆运内地。

南京沦陷后，国民政府众多机构迁至武汉，各地内迁工厂也向武汉集中。1938 年 2 月，内迁武汉的工厂达 137 家，机料 25 728.2 吨，技工 2375 人。迁来各厂在汉口成立了迁鄂工厂联合会，先后有 64 家工厂因陋就简复工生产，制造了手榴弹十几万枚、迫击炮弹 2 万余枚，还有地雷、水雷、洋镐、铁铲等军需器材，支援了抗战。

1938 年春，日军占领安庆、湖口，继续溯江西上。工矿调整委员会奉蒋介石电令："筹划战时工业，以川黔湘西为主"，"将各厂继续内迁，以策后方生产之安全"，多次召开会议，对继续内迁筹划部署。6 月 29 日，日军逼近马当防线，武汉告急。国民政府下令武汉各业工厂，不论大小凡对后方军工、民生有用的一律内迁，并规定凡在运输、复工方面缺少资金的工厂，一律予以低息贷款；凡来不及拆迁者一律炸毁。随后，武汉各工厂分作三路内迁：一路向南，迁往湘西、湘南、桂林；一路向北，迁往陕西，大部集中宝鸡地区；一路向西，将重要厂矿迁往四川。到 10 月 25 日武汉陷落时止，经过武汉及由武汉起运的内迁厂矿，共计 304 家，物资 51 182.5 吨，技术员工万余人。内迁物资和人员先停留在宜昌，然后分迁各地。担负入川运输的民生轮船公司动用全部可用的船只抢运，冒着敌机的轰炸，连续 40 个昼夜，终将内迁工厂和人员全部运入四川。

在武汉工厂迁移时，其他省区也有部分工厂内迁。1938 年 10 月，广州失守。因工矿调整委员会与广东省府商谈未妥，仅有捷和钢铁厂部分迁往广西，协同和船厂、平安福与冯强两个橡胶厂和华南制钉厂等数厂技术人员迁港复工，其余未及迁出。此外，闽、浙两省也分别内迁工厂 105 家和 86 家。

武汉和广州沦陷后，大规模的工厂内迁暂告一段落。以后，零星迁移一直不断。截至 1940 年 12 月底，经政府协助内迁的厂矿共 448 家，机料 70 991．2 吨，技工 12 164 人。其中机械工业占 40．4%，纺织工业占 21．7%，化学工业占 12．5%，教育用具工业占 8．2%，电器制造工业占 6．5%，食品工业占 4．9%，矿业占 1．8%，钢铁工业占 0．2%，其他工业占 3．8%。迁往地分别为四川 254 家、湖南 121 家、陕西 27 家、广西 23 家、其他地区 23 家。若加上自行拆迁、未靠政府帮助的工厂，共计 600 余家，机件材料可达 12 万吨。

迁入内地的各工厂到达目的地后，经过选址、购地、建房、装机等工作，很快恢复了生产。到 1940 年底，完全复工者达 308 家，约占内迁厂矿总数的 70%，其中四川 184 家、湖南 86 家、广西 14 家、陕西 17 家，其他省区 7 家。若按工厂部类分，机械业最多，达 155 家，纺织业 58 家、化学工业 36 家、教育用具工业 24 家、电器制造业 11 家、饮食业 11 家、杂项工业 10 家、矿业 2 家、钢铁工业 1 家。这些内迁工厂只占沿海工业中的极少部分，但它们的内迁与复工，对大后方经济发展与建设发挥了重要的作用。

大批近代化的厂矿迁入后方，开始改变了中国工业不合理的布局，奠定了发展西南工业的基础。如重庆战前只有十几家机器厂，到 1939 年增至 84 家，1940 年增至 133 家。战前全市大小工厂只有 39 家，到 1944 年底猛增至 1 518 家。再如湖南湘西地区战前没有近代工业，抗战期间有 122 家厂矿迁至湘西，包括机器厂 50 家，纺织厂 23 家，逐步形成洪江、沅陵两个工业中心。

大批沿海工厂内迁给后方带来一支强有力的技术力量，推动了后方工业的发展。大后方原有工业落后，技术人员亦少。工厂内迁时，大批技术人员随迁而来，其数量不下数万人。他们到达后方，勘测资源，改良品种，积极推广新技术、新知识，还研制了一些我国以前不能制造的新产品，如以桐油为原料生产代汽油，用木屑、芦秆代蔗制造酒精，用人尿制造硫酸铵，用盐卤胆巴提制氯酸钾等。南京、句容等地电厂拆卸设备二万五千多千瓦入川使用；汉阳大冶、上海等炼钢厂在四川组建大渡口钢铁厂；长沙新中工程公司迁移一部设备到祁阳，建立了一个百人小厂，经过四五年努力发展为包括三个大厂和六个分厂的联合企业，有工人二千多人，从采煤、炼铁、轧钢、发电到制造各种母机，无所不包，不仅促进了后方原有企业的技术改造，也推动了大后方经济的繁荣。

从整个内迁过程和沿海工业内迁的结果看，也存在不少缺憾之事。由于内迁工作缺乏计划性，有些工厂只是随着战局发展仓促移迁，在反复搬迁过程中，因运输不便和敌机轰炸，很多机器沉没失落。如浙江武林、大来、协昌、湖金兴、应镇昌等5家机器厂内迁，将重要设备装箱，因日军追踪而至，只抢运出50箱，大部未能西运。再如豫湘桂战役期间，工矿调整委员会组织中南地区工厂迁移，运出器材7 873吨，中途损失达7 672.5吨，迁至后方的仅占2.6%。再有是官僚资本对民族工业的兼并。例如，永利公司是最大的一家民营化学工业，国民政府以协迁为名，强迫加入300万元官股。资本家屡次拒绝，最后只得接受。内迁的许多大厂，都被加入了官股，或实行"官商合营"，受到官僚垄断资本的支配和控制。因此，沿海工业的内迁，没有带来民族工业的繁荣，至抗战后期却逐渐陷于萧条和濒临破产的境地。

第三节　正确处理经济建设和国防建设的关系

如何正确处理经济建设和国防建设的关系问题，毛泽东在《论十大关系》中，把正确处理经济建设和国防建设的关系，作为探索中国社会主义经济建设的一个战略性问题提出来。

国防建设的重要性。根据我国百多年来深受帝国主义之害，以及社会主义国家的独特地位，加强国防建设是非常重要的。在《论十大关系》中，毛泽东对国防经济建设的重要性作了集中的精辟论述，他说："国防不可不有。现在，我们有了一定的国防力量。经过抗美援朝和几年的整训，我们的军队加强厂，比第二次世界大战前的苏联红军要更强些，装备也有所改进。我们的国防工业正在建立。自从盘古开天辟地以来，我们不晓得造飞机，造汽车，现在开始能造了。""我们现在已经比过去强，以后还要比现在强，不但要有更多的飞机和大炮，而且还要有原子弹。"他强调指出："在今天的世界上，我们要不受人家欺负，就不能没有这个东西。"他把建设巩固的国防看成是保卫国家主权独立、领土完整和经济建设正常进行的主要保障。毛泽东重视国防建设，归根结底是由国际形势所决定的。他明确指出："现在我们把兵统统裁掉好不好？那不好，因为还有敌人，我们还受敌人欺负和包围嘛！"因此，"我们一定要加强国防"。40年后的今天，尽管世界形势发生了巨大变化，和平、发展、进步已成为当今世界不可抗拒的时代潮流。但是"冷战"虽已结束，天下并不太平。霸权主义、强权政治依然存在，西方敌对势力一刻也没有放弃对我国进行"西化""分化"的图谋，祖国的统一大业也还没有完成。在这种情况下，我们不仅不能放松国防建设。而且必须如江泽民同志指出的那样，在搞好经济建设的同时，大力加强国防建设。

如何解决经济建设和国防建设之间的矛盾。加强国防建设可以有不同的办法。一种办法是通过削弱经济建设来加强国防建设，另一种办法是通过加强经济建设来加强国防建设。在这种选择面前，毛泽东主张采用后一种办法。他认为："只有经济建设发展得更快了，国防建设才能够有更大的进步。"他强调指出："我们一定要加强国防，因此，一定要首先加强经济建设。"

为什么加强国防一定要首先加强经济建设呢？经济建设与国防建设既有矛盾的一面，又有一致的一面。这是因为，国家在一定时期内的财力、物力是一个确定的量。经济建设直接创造物质财富，国防建设消耗物质财富。用于国防建设的部分增多，用于经济建设部分就会减少。经济建设是国防建设的物质基础，离开了经济建设，国防建设就成了无源之水，无本之木。因此，通过削弱经济建设来加强国防建设只能是一种"杀鸡取卵""竭泽而渔"的办法，虽然从暂时看国防建设得到了一定的发展，国防力量有所增强，但从长远看，削弱了经济建设，就等于削弱了国防建设的物质技术基础，最终势必要削弱国防建设。相反，通过加强经济建设来加强国防建设则是一种正确的方法。首先加强经济建设，国防建设开始慢了一点。但从长远看，只有经济建设发展了，国民生产总值和国民收入增多了，国家经济实力增强了，才能拿出更多的财力、物力来搞国防建设，也只育在经济建设发展的基础上，国防建设才可能得到持久的长足的发展。毛泽东主张的通过加强经济建设来加强国防建设，是一种退一步进两步的方法，一种充满着唯物辩证法的方法。

　　加强国防建设一定要首先加强经济建设，就是要求国防建设必须以经济建设为中心，必须服从经济建设大局，为经济建设服务。毛泽东的这一思想有一个相当长的形成过程。早在1933年，毛泽东在《必须注意经济工作》一文中，论述战争时期经济建设必须"环绕着革命战争这个中心任务"时，就已经预见到"在国内战争完结之后"，应该"以经济建设为一切任务的中心"。建国后，毛泽东又在许多场合反复阐述了这一观点。1950年6月在党的七届三中全会上，毛泽东提出，为争取国家财政经济状况的基本好转，"在保障有足够力量用于解放台湾、西藏，巩固国防和镇压反革命的条件之下，人民解放军应在1950年复员一部分，保存主力"。这表明毛泽东在筹划新中国建设大业的思考中，已初步形成了正确处理国防建设和经济建设关系问题的思想，即国防建设要为经济建设让路，为经济建设服务的思想。1953年7月，抗美援朝战争结束，我国开始全面转入和平建设时期，毛泽东更加明确提出国防建设要服从经济建设大局，与经济建设协调发展的原则。中国国民经济发展的第一个五年计划所确定的首先集中主要力量发展重工业，建立国家工业化和国防现代化基础的基本任务，就集中体现了毛泽东的上述思想。毛泽东在《论十大关系》中，强调国防建设与经济建设的关系时，教育全党全军，我们一定要加强国防，因此，一定要首先加强经济建设"。毛泽东的这一精辟论述，不仅表明他对如何处理国防建设与经济建设的关系，已经形成了一个比较完整成熟的思想，而且也为我们指出了一条在经济尚不发达的国家里加强国防建设的最佳途径。

怎样才能通过加强经济建设的办法来加强国防建设呢？毛泽东认为：可靠的办法就是把军政费用降到一个适当的比例，增加经济建设费用。国家预算中，国防费（军费）与经济建设费用的比例问题，是国防建设与经济建设关系的一个集中表现。严格控制国防费在国家预算中的比例，是毛泽东关于国防经济建设的一个重要思想。建国初期，由于战争还在进行，庞大的军政支出成为国家财政的沉重负担。1950 年 6 月，人民解放军总人数达到 540 万人，军费支出占当年国家财政支出的 41.1%，加上为了社会稳定，人民政府对旧政府人员采取包下来的政策，使得政府供给或支付薪金的全国脱产人员突破 90 万，从而造成了国家财政经济状况的极大困难。为了争取国家财政经济状况的根本好转，毛泽东提出需要三个条件，其中一条就是国家机构所需经费的大量节减"。为创造这一条件，毛泽东在党的七届三中全会上提出精简国家机构，减少军政费用，并指出人民解放军应在保存主力的前提下，在 1950 年复员一部分。中国人民解放军于 1950 年、1951 年进行的大裁军，既使人民解放军初步转入正规化建设轨道，又为当时国家财政经济状况的根本好转做出了贡献。同时，人民解放军大量指战员复员到地方后，又大大加强了国家经济建设的力量。朝鲜战争爆发后，中国人民开始了抗美援朝战争。这时，军费开支又开始猛增。1951 年军费开支多达 52.6 亿元，比 1950 年增长了 87.9%，1952 年又比 1951 年增加了 5 亿多元"。抗美援朝战争结束后，国际形势逐渐趋于缓和，毛泽东在 1953 年底及时提出：第一个五年计划期间，军政两项经费不得超过全部国家预算的百分之三十，要把钱省下来用于国家经济建设。1956 年，他在《论十大关系》中又指出："第一个五年计划期间，军政费用占国家预算全部支出的百分之三十。这个比重太大了。第二个五年计划期间，要使它降到百分之二十左右，以便抽出更多的资金，多开些工厂，多造些机器。经过一段时间，我们就不但会有很多的飞机和大炮，而且还可能有自己的原子弹。"

毛泽东不仅把降低军政费用看成是通过加强经济建设来加强国防建设的可靠办法，而且把是否降低军政费用，多搞经济建设，提高到战略方针的高度来认识。他说："你对原子弹是真正想要、十分想要，还是只有几分想，没有十分想呢？你是真正想要、十分想要，你就降低军政费用的比重，多搞经济建设。你不是真正想要、十分想要，你就还是按老章程办事。这是战略方针的问题。"

国防建设与经济建设是国家建设的两个主要组成部分，缺少其中任何一个方面，都不可能建成独立富强的社会主义现代化国家。毛泽东在《论十大关系》中提出国防建设要服从经济建设，与经济建设协调发展，不是说他不重视国防建设。相反，毛泽东对国防建设非常重视。加强国防建设，建立强大的国防力量，正是他的国防经济建设思想的出发点。早在新中国诞生前夕，毛泽东就指出："我们的国防将获得巩固，不允许任何帝国主义者再来侵略我们的国土。""我们将不但有一个强大的陆军，而且有一个强大的空军和一个强大的海军。"建国初期，毛泽东又提出了一手抓经济，一手抓国防的方针。他明确指出："中国必须建立强大的国防军，必须建立强大的经济力量，这是两件大事。"在这里，毛泽东把国防建设看作是国家建设的重要组成部分，与经济建设相提并论，足见他对国防建设的高度重视。

几十年来，我国国防建设的道路，正是遵照这个辩证指导思想走过来的。我们一方面有效地利用国防建设技术力量支持和服务于经济建设，一方面以加快经济建设为基础，增强经济实力，便于战时转入军需生产。在当今世界的和平与发展两大主题中，我们在抓紧时机，加速经济的发展，增强经济实力和综合国力的同时，国防力量也必须有足够维护和平与发展的需要。正如毛泽东说："我们一定要加强国防，因此，一定要首先加强经济建设。""这是战略方针的问题"我们既不是军备竞赛的参照系，也不是麻木不仁的标本。在我们国家里，经济建设规定和支配着国防建设，国防建设虽受制于经济建设，但又对经济建设起到保驾作用。这就是中国特色社会主义的经济建设和国防建设的辩证法。

第四节　正确处理国家、生产单位和生产者个人的关系

《论十大关系》中的正确处理国家、生产单位和生产者个人的关系，实际上是积累和消费、生产和分配、发展生产和改善人民生活的关系问题，也是整体利益和局部利益、长远利益和眼前利益的关系问题。这个问题能否处理恰当，直接关系到社会主义建设能不能持续稳定协调地发展，人民群众的生活能不能得到不断的改善。

正确处理国家、生产单位和生产者个人的关系的必要性。毛泽东指出，这"是一个关系到六亿人民的大问题"。处理国家、生产

单位和生产者个人的关系，必须兼顾三者的利益。在社会主义制度下，国家、集体和个人三者的利益在根本上是一致的。正确处理问题的原则是"必须兼顾国家、集体和个人三个方面"，"不能只顾一头"。就是说，既要提倡爱国家、爱集体的思想把国家的利益放在第一位，任何时候，生产者个人的、眼前的利益，都应当服从国家的、集体的、长远的利益。又要很好地照顾生产者个人的利益，如果只顾国家、集体的利益，不顾生产者个人的利益，就会影响劳动者的生产积极性，因而也就会影响国家和集体利益。但是反过来，如果只顾个人利益不顾集体和国家利益，或者只顾个人和小集体的利益，损害国家利益，挖公有制以肥私，最终也损害了个人的根本利益，对国家、集体、个人三者都没有好处。因此"无论只顾哪一头，都不利于社会主义"。在国家和生产单位的关系上，毛泽东主张"要有统一性，也要有独立性"，什么都集中在中央和省市是不妥的，不利于调动企业的积极性。

如何正确处理积累与消费是搞好经济工作的一个非常重要的方面。旧中国给新中国留下的是一个一穷二白的烂摊子。为了尽快改变这种落后的面貌，新中国成立后，经过三年的经济恢复，很快开始了大规模的社会主义建设。由于建设需要大量的资金，于是在积累与消费方面出现了重积累、轻消费的倾向。据劳动部门统计，1955年同1952年比较，工业劳动生产率提高41.18%，职工平均货币工资提高14.17%，生活费指数提高7.13%，实际工资水平提高6.19%，远远低于劳动生产率增长的幅度。轻工、纺织这两个为国家提供积累较多的部门，职工实际工资反而下降。在农业方面，农业合作社刚成立，就出现了一种苗头，上级部门要和农业社举办各种非农生产事业。由于这种违反经济规律的做法，使广大工人和农民的生产积极性受到了很大的影响，反过来又影响经济发展。针对这种情况，毛泽东讲："工人的劳动生产率提高了，他们的劳动条件和集体福利就需要逐步有所改进。"并批评苏联的义务交售制等项办法。他说"苏联的办法把农民挖得很苦。他们采取所谓义务交售制等项办法，把农民生产的东西拿走太多，给的代价又极低。他们这样来积累资金，使农民的生产积极性受到极大损害"。针对苏联的情况和我们自己出现的问题，毛泽东总结说："我们历来提倡艰苦奋斗，反对把个人物质利益看得高于一切，同时我们也历来提倡关心群众生活，反对不关心群众痛痒的官僚主义。随着整个国民经济的发展，工资也需要适当调整。"

毛泽东关于正确处理国家、生产单位和生产者个人关系的思想对于我们今天搞好经济建设，推进现代化建设仍然有积极的重要现实意义。无产阶级进行革命的目的就是要使自己由无产者变为有产者，然后通过发展生产，达到改善自己生活的目的。社会主义发展生产力的根本目的就是为了达到共同富裕。如果生产发展了，人民生活更苦了，发展生产力就失去了他的意义。经过20多年的改革开放和现代化建设，应该说我国经济发展都取得很大的成就，国家实力和人民的生活得到很大提高。但是，另一方面，目前我们国家大部分地区还不是很富裕，也并不是所有的人都分享到改革开放所带来的成果。因此仍有一个如何正确处理国家、集体、个人三者利益的关系的问题。要解决这个问题，用毛泽东的话说就是三者利益必须兼顾。一方面要务必保持艰苦奋斗的作风，反对铺张浪费，把个人利益看得高于一切。另一方面要关心群众的疾苦，在生产发展基础上不断改善人民的生活，让人民共享改革开放带来成果。这样才能调动广大人民的生产积极性，把我国建设成为富强、民主、文明的社会主义现代化国家。

如何坚持集体主义原则？集体主义是社会主义道德的基本原则。一个人只有具备了集体主义思想时，才能正确处理个人与社会、与他人的关系，才能自觉地维护集体利益，关心他人利益。在开展思想道德教育活动中，着力抓好集体主义精神的教育，对于广大干部职工良好品德的形成，具有十分重要的作用。

集体主义是社会主义道德的基本原则。集体主义是人类文明发展的必然。它的发生、形成和发展，也经历了一个漫长的历史过程。原始人为了生存，不得不结成群体，在同猛兽的斗争中猎取食物，在同自然灾害的斗争中生存繁衍。如果没有原始人的群体组织、群体意识和群体所形成的力量，就不可能有人类种族的延续，也就不可能有现在的文明人类和人类文明。原始人的这种群体组织、群体意识，可以看作是集体组织、集体主义的萌芽。马克思曾指出，"只有在集体中，个人才能获得全面发展其才能的手段，也就是说，只有在集体中才能有个人自由"。有这样一个故事。18 世纪初，苏格兰水手塞尔柯克在航行中由于与船长发生冲突，仅带着船队留下的一磅火药和枪支，被遗弃在荒无人烟的小岛上。4 年后，当另外的船队发现他时，火药早已用光的塞尔柯克赤着脚，用野蛮人的办法在猎取食物，其外貌神态甚至比"野生的山羊还要狂野"。这一事例充分说明，一个人的发展，取决于和他直接或间接进行交往的其他一切人的发展。离开了集体，单个人的发展不仅是不可能的，而且还可能由文明人退化为"野蛮人"。

人类进入阶级社会后，随着生产力和科学技术的发展，社会分工日益细密，人们之间的联系和交往日益广泛和密切。但生产资料私有制下的生产社会化，虽能促进劳动的合作，却不能产生真正意义上的集体主义。在这样的集体中，个人服从的只是强制性的社会分工，个人利益和集体利益从根本上说是对立的。

社会主义制度下的集体主义是生产资料公有制的经济关系在观念形态上的反映。它主张从最广大人民的根本利益出发，坚持集体利益高于个人利益；以集体利益为基础，把集体利益与个人利益结合起来；当集体利益与个人利益发生矛盾时，要自觉以个人利益服从集体利益，在必要时甚至牺牲个人利益。社会主义的集体主义成为人们的行为准则和整个社会的道德规范。社会主义制度的建立，使我国劳动人民成为国家的主人，彻底消除了集体利益和个人利益根本对立的根源，为集体主义的产生和发展提供了坚实的物质基础和根本的制度保障。在我们国家，社会主义道德的核心是为人民服务，即每个人从事的工作都是为社会、为他人服务的，同时，每个人又都是他人服务的对象，在"为人民服务"的旗帜下，集体主义原则成为人们的行为准则和整个社会的道德规范，成为社会主义精神文明的一个重要内容。社会主义事业是千百万人的事业，社会主义制度的一个优越性，就是能充分发挥社会每个成员的积极性和创造性，依靠集体的优势，集中力量办大事。建国以后，我们在一穷二白的基础上，只用了短短的几年时间，就建立起一个独立的比较完整的国民经济体系；在经济技术比较落后的情况下，成功地发射"两弹一星"；在重大的自然灾害面前，一方有难，八方支援，恢复生产，重建家园。这都是我们的社会主义制度和集体主义显示的巨大威力。当今，面对发达国家高科技迅速发展形成的压力，面对经济全球化的趋势，我们要想在日益激烈的国际竞争中站稳脚跟，争得一席之地，更需要发扬集体主义精神，依靠社会主义制度的优越性，依靠集体的力量，夺取现代化建设的新胜利。

正确处理国家、集体、个人三者之间的利益关系。社会主义制度下的集体主义作为一种价值导向的基本原则，它涵盖社会生活的各方面。在经济和社会生活领域，它要求人们在从事经济和社会活动中，把个人融入集体之中，依靠集体的力量，发挥整体优势，去取得事业的成功；在思想道德领域，则要求人们把集体利益放在首位，以个人利益服从集体利益，克己奉公，在必要时牺牲个人利益。在这些不同的领域中，集体主义虽然是有不同的涵义，但它们的中心原则是一样的，那就是要求人们摆正个人与集体的位置，摆正局部与全局的关系，正确处理个人与集体利益的关系。加强集体主义教育，培养集体主义精神，不仅是调节、缓和和消除个人利益与集体利益矛盾的必不可少的重要方法，而且是社会主义精神文明建设所追求的重要目标。

集体主义作为社会主义道德的基本原则，要求我们必须正确处理国家、集体和个人三者的利益关系。首先，要关心集体，做到集体利益高于个人利益。在社会主义社会，国家、集体、个人的根本利益是一致的。国家利益是指全国各族人民的根本利益，是带有长远性和全局性的利益。集体利益是指集体所有成员的共同利益。在社会主义条件下，国家利益、集体利益是个人利益的基础和保证，人们只有在为集体利益奋斗中才能实现个人利益。建国50多年来，党领导我们开展大规模的社会主义现代化建设，其根本目的就是为了满足人民群众日益增长的物质文化生活的需求。特别是改革开放20多年来，我们国家经济建设迅速发展，综合国力大为增强，人民的物质文化生活水平也有了大幅度的提高。同样，我们作为一个集体，只有经济发展了，效益提高了，才能为国家创造更多的物质财富，我们广大职工的物质利益才能得到保证。人们常说"大河有水小河满，大河无水小河干"就是这个道理。因此，我们每个职工都应坚持集体主义的原则，自觉把国家利益、集体利益看得高于一切。

第二，在保证社会集体利益的前提下，要把国家、集体和个人三者的利益结合起来，尽可能地保证和满足集体成员的个人利益。这是因为，社会集体利益归根到底是为了保障劳动者和社会集体成员的个人利益的实现。社会集体利益虽然不是个人利益的机械相加的总和，然而它决不是存在于广大群众个人利益之外的东西。社会主义道德不仅承认个人利益的存在，而且认为关心和照顾个人利益是社会主义道德的一个重要原则。无产阶级从来不要求人们放弃对个人利益、个人幸福的追求，它所反对的是恩格斯批判的那种资产阶级的"庸俗的贪欲、粗暴的情欲、卑下的物欲，对公共财产的自私自利的掠夺，以及由此而产生的最卑鄙的手段——偷窃、暴力、欺诈、背信"。社会主义的集体主义，要求人们想问题、办事情都要从大局出发，在维护国家、社会整体利益前提下，去获取正当的个人利益。在这里，我们还必须强调，社会主义的集体主义与小团体主义、本位主义有着本质的区别。小团体主义、本位主义的本质是不顾甚至损害国家和整体利益去追求少数人的利益。目前，社会上少数单位、部门和企业为了追求小团体的经济利益，制造、贩卖假冒伪劣商品，在工程建设中偷工减料，偷漏国家税款，污染破坏环境等等，都是小团体主义的表现。它所损害的是国家和公众的利益，是与我们所提倡的社会主义集体主义原则格格不入的，必须加以坚决反对。

对于社会主义集体主义的理解，过去由于受极左思潮的影响，在较长一段时间里，曾经出现过片面强调集体利益而忽视个人利益的现象。现在重提集体主义，有人担心会"压制个人""抹煞人的个性""排斥个人利益"等，这种担心是没有必要的。党的十四届六中全会《决议》明确指出："在经济活动中，国家依法保护企业和个人利益，鼓励人们通过合法经营和诚实劳动获取经济利益；同时引导人们对社会负责、对人民负责，正确处理国家、集体和个人的关系，反对小团体主义、本位主义，反对损公肥私、损人利己。"这一精神充分说明，坚持集体主义原则，既要依法保护个人利益，又要旗帜鲜明地反对极端个人主义。正如十五大报告中指出的那样："要形成把国家和人民的利益放在首位而又充分尊重公民个人合法利益的社会主义义利观"。

第三，当国家利益、集体利益和个人利益三者发生矛盾时，个人利益要服从社会集体利益，为保护社会集体利益而牺牲个人利益。在过去革命年代，无数英雄人物、革命先烈为着全中国人民的解放，抛头颅，洒热血，那种英勇战斗、不怕牺牲的革命精神，就是能把个人利益完全地融合到国家、民族解放的最大利益中去。今天，在社会主义现代化建设时期，一大批英雄模范人物，为了国家、民族和集体的利益，牺牲个人和家庭的利益，无私奉献，不求索取，谱写了光辉壮丽的人生篇章。有的为了保卫国家财产和人民生命安全，甚至献出了宝贵的生命，在他们身上集中体现了社会主义的集体主义精神。在 1998 年夏秋抗洪救灾中，全国广大军民团结一致，顽强奋战，形成了顾全大局、一方有难、八方支援的动人局面。分洪、蓄洪区人民，在公与私、个人与集体、局部与全局利益的矛盾面前，毅然舍弃自己的良田、房屋，炸坝分洪，充分体现了以国家利益为重，舍小家顾大家的自我牺牲精神；灾区急需支援，全国各地，男女老少立即行动起来，捐钱捐物，支援灾区；灾区群众需要安置，全国各地像对待自己亲人一样，让出自己的土地、房屋，使受灾群众得到了妥善安置。这充分说明我国人民的社会主义集体精神，有着无比强大的凝聚力。

有人认为，倡导集体主义精神与发展市场经济是相互矛盾的。这种认识是不正确的。不可否认，社会主义市场经济强调利益驱动，强调市场竞争，强调和尊重个人自主意识，有可能在思想道德方面带来一些负面影响，弱化人们的集体主义观念。但是，我国的社会主义市场经济是以公有制为主体的经济体制，它要求人们通过诚实劳动，公平竞争，推进经济的发展和社会的全面进步；要求人们在一切经济活动中，正确处理竞争与协作、自主和监督、效率与公平、先富与后富、经济效益与社会效益的关系，形成健康有序的经济和社会生活规范；要求人们不能只为了追求经济利益的最大化而不顾任何道德准则，必须在遵守一定道德准则的前提下谋取正当的物质利益。社会主义市场经济既是法制经济，又是道德经济。我们强调集体主义，就是要求人们在一切经济活动中，要以维护国家和集体利益，维护公有制为主体的社会主义经济基础为最高宗旨，这与发展社会主义市场经济并不矛盾。这样才能保证市场经济的健康发展，实现全国人民共同富裕这一目标。

总之，集体主义原则集中地反映和体现了人民群众的根本利益和愿望。在社会主义条件下，集体是人民群众平等的同志式的联合体。个人不仅是集体的一员，而且是其中具有相对独立地位的、富有主观能动性的个人。生活于集体之中的任何人都只有通过集体的努力才能实现自己的目的，只有在发展集体事业中才能发展个人。每个人都必须把自己的意志纳入集体的意志中去，以实现集体目标的形式实现自己的个人目标。

第五节　正确处理中央和地方的关系

（一）中央和地方关系问题的提出

为什么提出要正确处理中央和地方的关系问题。早在建国初期，我国的财政经济极为困难，通货膨胀明显，物价很不稳定。为了扭转这一局面，制止通货膨胀，物价上涨，当时国家采取了强有力的措施，集中地方权力，打击投机势力，不到三年的时间就统一了全国的财政经济。1956 年，社会主义改造完成以后，中央仍然把持着重要权利，例如国家财政仍然是统收统支，地方企业收入要全部上交财政，而支出则全部由财政拨款。这就意味着，企业收入的多少，完全依靠国家的财政拨款，而不是自己的经营状况。这种办法对于调动企业生产的积极性和发挥企业增收节支的积极性有很大的限制。除此之外，在中央和地方对经济管理权限划分问题上，中央也实行了集权。建国初期，为了适应当时实际情况需要，国家实行大区管理体制，即地方企业归大区管理。后来随着形势的发展，中央取消了大区管理制度，取而代之的是省市企业由中央直接领导。企业经营由中央直接领导，这在当时也是有其合理性的。但随着时间的推移，中央管得过多，统得过死，地方没有自主权，严重束缚了地方发展经济积极性的手脚。企业经营由中央直接领导的制度开始出现问题。毛泽东觉察到了充分调动企业积极性的重要性，针对中央管得过多统得过死的问题，他曾指出："把什么东西统统集中在中央或省市，不给工厂一点权力，一点机动的余地，一点利益，恐怕不妥。"可见，如何能够扩大企业经营自主权，如何能够调动企业生产积极性，对当时的经济发展显得十分地重要。

毛泽东在《论十大关系》中提出的调动中央、地方两个积极性的思想。为了解决中央过度集权、管得过多、统得过死，地方没有自主权的问题，毛泽东在《论十大关系》中指出，中央和地方的关系也是一个矛盾，解决这个矛盾，目前要注意的是，应当在巩固中央统一领导的前提下，扩大一点地方的权力，给地方更多的独立性，让地方办更多的事情，这对我们建设强大的社会主义国家比较有利。我们的国家这样大，人口这样多，情况这样复杂，有中央和地方两个积极性，比只有一个积极性好得多。毛泽东还指出，中央要注意发挥省市的积极性，省市也要注意发挥地、县、区、乡的积极性，都不能够框得太死。当然，也要告诉下面的同志哪些事必须统一，不能乱来。由此可见，在解决中央和地方关系的过程中，毛泽东已敏锐地察觉到不应该把企业看作国家机关的附属物，应适当扩大企业的权力，并使其掌握一定的自主性。

企业经营权和所有权相分离思想的提出。在《论十大关系》一文中，毛泽东在谈到国家、生产单位和生产者个人关系问题时，明确地提出了企业自主权问题。他指出，"这里还要谈一下工厂在统一领导下的独立性问题，把什么东西统统都集中在中央或省市，不给工厂一点权力，一点机动的余地一点利益，恐怕不妥。"1956年4月28日，也就是《论十大关系》讲话后不久，毛泽东在中央政治局会议上明确提出了要扩大企业自主权，并允许企业成为"公开合法的半独立王国"。"公开合法的半独立王国"的提法，实际上是企业经营权和所有权相分离思想的雏形。在当时的形势下，这种思想是非常可贵的。

（二）正确处理中央和地方关系思想的内涵

《论十大关系》中提出的正确处理中央和地方关系的思想，实质是要充分发挥中央和地方两个积极性，即中央和地方如何分权问题。对此，毛泽东谈了几个方面。

第一，处理中央与地方关系的总方针是兼顾各方利益，充分发挥中央和地方两个积极性。他认为，中央和地方关系是矛盾的，又是统一的。"中央和地方的关系也是一个矛盾，解决这个矛盾，目前要注意的是，应当在巩固中央统一领导的前提下，扩大一点地方的权力，给地方更多的独立性，让地方办更多的事情。这对我们建设强大的社会主义国家比较有利。我们的国家这样大，人口这样多，情况这样复杂，有中央和地方两个积极性，比只有一个积极性好得多。"为什么要充分发挥中央和地方两个积极性呢？一方面，"为了建设一个强大的社会主义国家，必须有中央的强有力的统一领导，必须有全国的统一计划和统一纪律，破坏这种必要的统一是不允许的"；另一方面，在他看来，中心的问题是在中央的统一领导下，适当地扩大地方的权限，因为地方比中央更加接近企业和事业的基层单位，更加接近群众，更加容易了解实际情况。适当扩大地方的权限，就能更好地把地方的一切力量、一切积极因素组织到社会主义事业上来。"我们不能像苏联那样，把什么都集中到中央，把地方卡得死死的，一点机动权也没有"。

第二，关于处理好中央和地方的权限划分问题。毛泽东强调，立法权集中在中央，地方在不违背中央方针的条件下，按照情况和工作的需要，可以制定章程、条例、办法，在处理中央集权和地方分权的关系时，必须注意两者的分工合作和相互协商，反对各自为政和过分集权两种错误倾向。他甚至想把这一分权思路贯彻到地方的上下级关系，强调"省市也要注意发挥地、县、区、乡的积极性"，而省市与省市之间要"提倡顾全大局，互助互让"，以达到权利的合理分配。

第三，根据实际情况来采取中央集权和地方分权。实际上，在整个毛泽东时期，中央对权限的几次收放都是依靠随机的政策而定。关于这一点，毛泽东在1958年4-5月间会见到访的英国元帅蒙哥马利，回答他关于治理国家经验的提问时表达了这一做法："我没有什么经验，就是中央集权多了，我就下放一点，地方分权多了，我就收上来一点。"

毛泽东关于扩大企业自主权和调动地方积极性的思想是我国经济体制改革的最初萌芽，是十一届三中全会以后我国进行经济体制改革的理论来源。他的这一思想对我们今天仍在进行的经济体制和政治体制改革有着重要的现实意义。建立社会主义市场经济就是要让企业成为自主经营、自负盈亏的商品生产者和经营者，成为市场的主体。为此必须拥有商品生产者和经营者所应有的一切权利。改革开放30多年来，市场经济的基本体系已经建立起来。

但是，整个经济的运转还存在许多问题，影响企业自主经营现象还屡见不鲜。因此进一步规范政府自身的行为，简政放权，转变职能仍然是我国经济体制和政治体制改革艰巨而又重要的任务。

我国中央与地方关系的六十年回顾。中央与地方的关系是我国政治生活各种关系中具有战略意义与核心地位的关系之一。正确处理中央与地方关系也是实行单一制国家结构形式的我国在体制改革过程中所必然面临的一项重要任务。回顾和总结我国中央与地方关系 60 年的发展历程，对比四代领导集体的建设思路的发展过程和中地关系的具体演进过程，总结经验，对于今后进一步加强战略研究，探索创新思路，提出理顺中央与地方关系的改革路径和方案将有重要助益，并有助于更好地构建和完善我国中央与地方关系。

第一代领导人的建设构想。毛泽东时代，处理中央与地方关系的指导思想就是"在中央统一领导下发挥地方的积极性"。基本目标是"既利于国家统一，又利于因地制宜"。具体到实施方式上，则是采取对中央与地方的经济管理权限应时应需而收或放的政策调整方式。这一方式适应了当时缺乏实践经验和明确理论指导的现实，具有较强的应用性和灵活性。权限的频繁收放与政策的随意性使中央与地方关系的调整在很长时间都陷于一种"收权……放权"的怪圈。早在新中国成立前夕，当党开始考虑未来新中国经济体制时，就遇到了如何处理中央与地方关系的问题。刘少奇曾就中央与地方的权限问题指出，"政策问题是全国各地方同意，大部分事务由地方管，政策由中央决定"。周恩来在"当前财经形势和新中国经济的几种关系"讲话中也专门论述了中央与地方的关系。

1956 年 4 月，毛泽东在其著名的《论十大关系》中根据统一性和独立性是对立统一的原则，认为"把什么东西都统统集中在中央或省市，不给工厂一点权力，一点机动的余地，一点利益，恐怕不妥"。主张各个生产单位都要有一个与统一性相联系的独立性。特别是处理涉及财政分配体制的中央与地方关系这个矛盾上，强调目前要注意"应当在巩固中央统一领导的前提下，扩大一点地方权力，给地方更多的独立性，让地方办更多的事情"，要发挥中央和地方两个积极性。在"两个积极性"概念的基础上，毛泽东还提出了"正当的独立性""正当的权利"等概念。这里毛泽东强调的也正是这一时期处理中央与地方关系的一些基本原则与指导思想。这种分析无疑是正确的。但是，"由于这种分析仅仅是一位极为富有智慧的人的一种经验性总结，而没有上升到现代政府管理理论的层次，也没有制度化，更没有达到法制化的程度。所以，一遇'风吹草动'，就很容易被'一风吹'"。

此外，新中国成立初期国家领导人的论述中，还可以发现许多对中央与地方关系处理上的真知灼见。在毛泽东《论十大关系》中提出分权给地方，以发挥地方、企业的积极性之后，周恩来进一步阐释了分权的目的，以及集权与分权的关系。他说："实行中央与地方分权，是为了发展生产，不是为了缩小和妨碍生产"，"适当分权给地方就会更好地集权于中央。"他指出，解决分权的原则与方针是"全面规划，加强领导；统一计划，分工合作；因地制宜，因事制宜"，改进体制的范围和实施程序是"全面改革，逐步实现"。积极地逐步地实现体制改革，把中央与地方分权的改革过程确定为一个不断实践，深化认识，修正完善的过程，也是一个探索的过程。这是周恩来对于经济体制改革在实施战略方面的贡献。

这一时期，陈云的思想也值得注意。作为主管经济工作的领导人，陈云在肯定扩大地方职权的同时也注意到了地方主义的产生问题。以上分析表明在处理中央与地方关系问题上，第一代领导人还是很清楚这一问题的重要性的，并已经提出了处理二者关系的基本指导思想，即"充分发挥中央与地方两个积极性"的原则。遗憾的是，这一理论上很正确的原则在实践中并没有被很好贯彻。缺乏法律与制度的保障，思想即使再正确也难以得到有效地施行。这种缺陷直接造成了中央与地方关系在建国后近三十年内一直处于中央高度集权的状态，并成为改革直接指向的目标。

第二代领导集体的改革思路。在处理中央与地方关系问题上，邓小平表现出了比上一代领导人更大的勇气和灵活。"实事求是"，或者说"务实"精神，是邓小平处理中国中央与地方关系乃至中国经济、政治以及其他各种问题时最鲜明的特点。"有计划"地"放权"，或言之"分权"，成为贯穿十一届三中全会后中央与地方关系调整过程中一条鲜明的主线。分权的一个最直接的后果就是利益的分散化。改革开放使多数人从中受益，从而成为改革的积极支持者。中央向地方的分权实质上也是这样一个利益转让的过程。利益的兼容成为改革成功的基石之一。

分权过程首先从经济管理领域入手。1978年9月，国务院召开会议，就加快四个现代化建设进行了讨论。李先念在会议总结讲话中，强调了按价值规律和按劳分配原则办事的思想，并指出在经济领导工作中要坚决摆脱墨守行政层次、行政区划、行政方式而不讲经济核算、经济效果、经济效率、经济责任的老框框……要给予各企业以必要的独立地位，要同时兼顾中央、地方和企业三者的积极性，用现代化的管理方法来管理经济。这些思想在十二大特别是在十二届三中全会《关于经济体制改革的决定》中被进一步肯定和发挥。

1978 年 12 月，邓小平作了题为《解放思想，实事求是，团结一致向前看》的讲话，为随后召开的十一届三中全会提出了基本指导思想。针对传统中央高度集权体制的弊端，邓小平提出要"有计划地大胆下放"经济管理权力，以充分发挥国家、地方、企业和劳动者个人四者的积极性，并实行现代化的经济管理和提高劳动生产率。邓小平认为，应该让地方和企业、生产队有更多的经营管理的自主权。我国有这么多省、市、自治区，一个中等的省相当于欧洲的一个大国，有必要在统一认识、统一政策、统一计划、统一指挥、统一行动（"五统一"）之下，在经济计划和财政外贸等方面给予更多的自主权；提出要用经济方法管理经济，在管理制度上要加强责任制；并第一次提出了"允许一部分地区和一部分人先富起来"这一著名思想。

邓小平的这些认识同第一代领导人相比，不仅内容更为具体，而且有了制度建设方面的构想，并开始触及到权限调整的深层次问题，因而比以往有了大的突破。认真改革经济体制，在解决"过度集权"问题上下功夫，成为十一届三中全会之后的主旋律。而邓小平之所以在向地方分权的问题上表现出如此巨大的勇气，一个主要原因还在于当时的领导集体在政治上拥有强大的权威。这也成为 80 年代改革顺利推进的又一重要基石。

第三代领导集体的调整方向。80 年代，中国经济经历了整体持续快速增长的过程。这便为 90 年代在中央与地方关系调整问题上实现较大的突破奠定了坚实的基础。经济增长所产生的强大动力成为第三代领导集体继续推进改革的最有利条件。但同时，利益获取渠道的分散化也使得中央的统一领导遇到了巨大的阻力。这首先源于地方在取得改革所带来的经济成果的同时，自身独立利益意识的逐步强化。地方保护主义在 80 年代末演变得尤为剧烈。但分权化改革的不可逆性又使得中央对这一问题的处理不能再简单地沿袭过去"收权——放权"的思路。中央与地方关系的调整应在保证国家统一与中央集中领导的前提下采取更科学、更合理的方式。在加强对经济宏观调控的同时，将中央与地方关系的调整纳入制度建设的范围，从转变政府职能的角度实现中央与地方之间权限的合理划分，这一思路成为第三代领导人必然的选择。

1992 年 10 月，十四大提出"加强和改善国家对经济的宏观调控"，"健全科学的宏观管理体制和方法"，高度重视政府职能的转变，提出合理划分中央与省、自治区、直辖市的经济管理权限，并重申要"充分发挥中央与地方两个积极性"这一总的指导思想。同时，对于打破地区、部门分割和封锁，建立全国统一市场也有论述。这些思想在 1993 年 11 月十四届三中全会审议并通过的《中共中央关于建立社会主义市场经济体制若干问题的决定》中加以具体化和系统化。

江泽民在十四届五中全会闭幕时的讲话中提出处理中央与地方关系的方针和原则是："既要有体现全局利益的统一性，又要有局部利益的灵活性；既要有维护国家宏观调控权的集中，又要在集中指导下赋予地方必要的权力。当前应抓紧合理划分中央和地方经济管理权限，明确各自的事权、财权和决策权，做到权力和责任相统一，并力求规范化、法制化。要把中央与地方两个积极性都发挥好。"

在以上思路的指导下，这一时期中国中央与地方关系调整方面迈出的最大一步就是 1994 年分税制的全面推行。我国从 1959 年就建立了高度集中的财政管理体制，多年实行的是"统收统支"的财政制度，地方财政基本上是中央财政的延伸，是一种"执行型"的财政。这种僵化的财政管理体制，显然不符合"发挥两个积极性"的原则。改革后虽然在税收形式上有所改进，地方财政自主权也有所扩大，但并没有达到使双方都比较满意的程度。分税制的施行，在解决中央与地方之间的财政分配问题上，提供了一种比较可行的思路。

分税制设计的核心问题，是中央政府与地方政府之间财权和财力的重新确定与划分，它涉及到双方的利益，既要坚持财权与事权相统一的原则，又要考虑到国家的宏观发展战略目标等因素。分税制的一个明显的特点，就是扩大了地方固定收入的范围。这一方面有利于促进地方合理组织经济，有效地利用资源；另一方面也可以增加中央政府的收入，并使二者在税收分配问题上逐步做到有制可循，提高了税制的稳定性。对中央与地方关系的调整具有特殊意义。

以胡锦涛为总书记的中央领导集体的改革思路。科学发展观视域下的"统筹兼顾"。党的十七大报告提出：科学发展观根本方法是统筹兼顾。统筹兼顾是我们治国理政的重要历史经验，被中央确定为"我们处理各方面矛盾和问题必须坚持的重大战略方针"。新中国建国初期，毛泽东就指出，"统筹兼顾，是指对于六亿人的统筹兼顾"。他还将执政哲理比喻为"弹钢琴"，"要产生好的音乐，十个指头的动作要有节奏，要互相配合"。其本质也是在强调一种统筹兼顾的方法。虽然当时面临的工作和问题与今天不一样，但从全体人民的统筹兼顾出发作计划、办事、想问题的基本精神，对今天仍有重大现实意义。正是在改革发展的关键阶段，胡锦涛在党的十七大报告中突出强调统筹兼顾，在重申十六届三中全会提出"五个统筹"统筹城乡发展、区域发展、经济社会发展、人与自然和谐发展、国内发展和对外开放之外，又增加统筹中央和地方关系，统筹个人利益和集体利益、局部利益和整体利益、当前利益和长远利益。同时，强调必须站在国家安全和发展战略全局的高度，统筹经济建设和国防建设；必须统筹国内国际两个大局，树立世界眼光，加强战略思维，努力营造良好的国际环境。

党的十七大报告指出，统筹中央和地方关系，就要尊重基层和群众的首创精神，正确处理中央和地方的关系，合理划分经济社会事务管理的权限和职责，做到事权与财权相匹配、权力与责任相一致，既维护中央的统一领导，又更好地发挥地方积极性。中央强调的"统筹兼顾"，针对的已经不单单是"点"上的问题，而是"面"上的问题，是大国治理中存在的体制问题和制度问题，这是中国共产党深化对社会主义建设规律认识的必然结果，标志着中国改革已经进入了一个注重制度建设和制度改造的新改革时代。统筹中央和地方关系，关键在于明确哪些是中央政府专属职责，哪些是地方政府专属职责，哪些是中央政府和地方政府共享职责，避免出现责任不明的现象。然后按照人权、事权和财权相统一原则，为各级地方政府履行职责提供必要的人权、事权和财权。只有在不断促进中央与地方关系的制度化、法治化的基础上，中央与地方关系才能保持一种均衡和稳定的状态。

第三章
如何搞活政治建设和文化建设

第一节　正确对待民族问题

毛泽东在《论十大关系》这篇光辉著作中，把正确处理汉族和少数民族的关系，作为调动一切积极因素，建设社会主义祖国的一个重要方面提了出来，他指出："我们必须搞好汉族和少数民族的关系，巩固各民族的团结，来共同努力于建设伟大的社会主义祖国。"

如何正确处理民族关系，是我们需要认真对待的一项长期任务。我国自古以来就是一个统一的多民族的国家，除汉族外，还有五十多个少数民族。各个民族的存在，是不以人们的意志为转移的客观现实。在各民族之间的差别没有消失之前，始终需要认真处理好民族关系。汉族和少数民族的关系搞好了，各族人民建设社会主义祖国的积极性才会得到充分发挥。新中国建立后，随着剥削制度的消灭，民族压迫根源的铲除，在党的领导下，通过民族区域自治，少数民族人民实现了当家作主的权利，少数民族地区的经济社会高速发展。这就为搞好民族关系，实现各民族的平等团结打下了坚实的基础。但是，正如毛泽东在《论十大关系》中所指出的，"历史上的反动统治者，主要是汉族的反动统治者，曾经在我们各民族中间制造种种隔阂，欺负少数民族。这种情况所造成的影响，就在劳动人民中间也不容易很快消除"。这就需要做长期的艰苦细致的工作，以逐步消除在各族人民中的这种影响。同时，还必须看到，社会主义社会是一个相当长的历史阶段，阶级、阶级矛盾和阶级斗争将长期存在。在社会主义历史阶段，民族问题是和阶级问题相联系的，民族问题的实质是阶级问题。一些国外的敌对势力和国内的反动势力，总是利用各种机会，挑拨民族关系，制造民族分裂，破坏我国的统一，以达到他们分裂国家、颠覆政权的罪恶目的。在这一方面，苏联为我们提供了惨痛的教训。毛泽东指出，在苏联除俄罗斯民族外还有一百三十多个少数民族。十月革命前，沙皇对这些少数民族推行反动的大俄罗斯主义政策，把俄国变成了"各族人民的监狱"。十月革命胜利后，列宁废除了民族压迫制度，建立了苏维埃社会主义共和国联盟。但是，历史上大俄罗斯主义的影响并未彻底消除，加之以后没有对此给以足够的重视，以致俄罗斯民族同少数民族的关系很不正常。赫鲁晓夫、勃列日涅夫叛徒集团篡权复辟后，全盘继承了老沙皇的民族压迫和歧视政策，把苏联重新变成了"各族人民的监狱"。因此，在整个社会主义历史阶段，我们必须认真对待民族政策，始终不渝地坚持搞好汉族和少数民族的关系，巩固各民族的团结。

为什么要正确处理民族关系。正确处理好汉族和少数民族的关系，调动一切积极因素，对于中华民族的复兴是非常重要的。中华民族素以地大物博、人口众多著称于世。实际上这两个大优点，汉族和少数民族各占一个，即汉族"人口众多"，少数民族"地大物博"。在我们这个统一的多民族的"大家庭里"，各族人民都享有平等的地位，都是国家的"主人"，各自居住的地区都是中华人民共和国不可分离的一部分。毛泽东强调，"天上的空气，地上的森林，地下的宝藏，都是建设社会主义所需要的重要因素，而一切物质因素只有通过人的因素，才能加以开发利用"。这说明，只有搞好民族关系，不断加强中华民族"大家庭"的团结，将"人口众多"与"地大物博"两个大优点结合在一起，才能充分发挥其作用，才最终符合汉族和少数民族人民的根本利益和共同意愿。

中国有悠久的历史和灿烂的文化，这是我国各族人民共同创造的。一部中国的历史就是中国各民族共同创造的历史。不可否认，自古以来广大汉族人民从各个方面对祖国做出了巨大贡献。另一方面，我们也应当充分肯定少数民族人民的卓越功勋。毛泽东指出："各个少数民族对中国的历史都作过贡献。汉族人口多，也是长时期内许多民族混血形成的。"这有力地说明了各民族的历史作用，以及彼此血肉相连、相互依存、不可分割的亲密关系。在祖国的历史长河中，各少数民族积极发展同兄弟民族、特别是汉族人民之间的密切联系，在共同建设中国特色社会主义国家中，生死相依、患难与共，一起推动经济社会和历史的发展；他们的文艺创造和科技成果丰富了祖国的文化遗产。同时，许多少数民族，如东北的满族，北方的蒙古族，新疆的维吾尔族，西藏的藏族，广西的壮族，台湾的高山族，云南的傣族和佤族等等，由于他们世居祖国边陲保卫边疆，为建设祖国边境地区，维护祖国的统一和领土主权的完整，做出了自己的特殊贡献。历史的经验证明，我国的经济的发展，文化的繁荣，国防的巩固，领土的完整，都离不开各族人民的共同努力。今天，要想把我国建设成一个富强的社会主义的现代化国家，就必须把各族人民的积极性充分调动起来。因此，认真搞好汉族和少数民族的关系，正确处理少数民族问题就是关键。

　　如何处理民族问题。要搞好民族关系，首先在于贯彻执行党的民族政策。根据马列主义的基本原理，结合我国民族的实际情况，毛泽东提出了关于民族政策的一系列具有启发的思想，其主要内容有：坚持民族平等和民族团结，实行民族区域自治；积极培养少数民族干部；积极支持少数民族进行社会主义革命和社会主义建设；各民族都有使用自己的语言、文字的自由；尊重少数民族的风俗习惯和宗教信仰；团结、教育、改造少数民族中的爱国人士，等等。对于这些关于少数民族的政策，毛泽东曾赞许道"对于汉族和少数民族的关系，我们的政策是比较稳当的，是比较得到少数民族赞成的"。要搞好民族关系，其次还要坚持马克思主义的民族观，反对大汉族主义和地方民族主义。这两种民族主义，都是破坏民族团结的"有生力量"。大汉族主义在民国时期表现得明显。随着清政府的灭亡，当时的社会各界对少数民族带有明显的敌意，将少数民族视为国家贫穷落后的罪魁祸首。过去，人们不能够正确对待历史问题，更不能正确对待民族问题。要想正确对待民族问题，地方民族主义也要反对。地方民族主义打着"民族"的旗号，掩盖民族问题，拒绝同其他民族的联合，反对在本民族中进行社会改革和经济建设；反对无产阶级政党的领导；有时甚至企图使本民族独立，以分裂国家统一，破坏民族团结。从根本上说，地方民族主义违反了各族人民的根本利益和愿望，造成了社会的动荡，阻碍了经济的建设。第三，要搞好民族关系，还必须"诚心诚意地积极帮助少数民族发展经济建设和文化建设"。帮助少数民族发展经济和文化，是我们党处理民族关系的一项重要政策。要实现各民族事实上的平等，单有政治上的平等是不够的，还必须有经济文化上的平等。由于历史上的原因，少数民族的经济文化一般来说都较为落后。帮助少数民族发展自己的经济文化，对于正确处理民族问题十分重要。要看到，帮助少数民族发展经济文化，不仅是巩固国防的需要，而且是中华民族复兴的需要。正如毛泽东所指出的"帮助少数民族，让各少数民族都得到发展，是整个国家的利益"。

联系当今，我国现阶段的民族政策有哪些？中国共产党把马克思主义关于民族问题的基本理论同我国多民族的国情相结合，在建设社会主义事业中走出了一条具有中国特色的解决民族问题的正确道路，制定和执行了一系列民族政策。实践证明，党的民族政策是完全正确和成功的。这些政策概括起来主要有：

第一，坚持民族平等，维护民族团结，巩固和发展社会主义民族关系。平等、团结、互助、和谐是我国社会主义民族关系的本质特征，体现了中华民族多元一体的基本格局，体现了中华民族大家庭的根本利益。我国宪法明确规定："中华人民共和国各民族一律平等。国家保障各少数民族的合法权利和利益，维护和发展各民族的平等、团结、互助的关系。禁止对任何民族的歧视和压迫，禁止破坏民族团结和制造民族分裂的行为。"胡锦涛同志在中共十七大进一步指出，要"牢牢把握各民族共同团结奋斗、共同繁荣发展的主题，保障少数民族合法权益，巩固和发展平等团结互助和谐的社会主义民族关系"。

民族平等，是指各民族不论人口多少，经济社会发展程度高低，风俗习惯和宗教信仰异同，都是中华民族大家庭的平等一员，具有同等的地位，在国家和社会生活的一切方面，依法享有相同的权利，履行相同的义务，反对一切形式的民族压迫和民族歧视。平等是社会主义民族关系的基石，各民族只有一律平等，才能共同行使当家作主的权力，更好地参与国家事务和地方事务的管理。民族团结，是指各民族在社会生活和交往中的和睦、友好和互助、联合的关系。民族团结要求在反对民族压迫和民族歧视的基础上，维护和促进各民族之间和民族内部的团结，各民族人民齐心协力，共同促进国家的发展繁荣，反对民族分裂，维护国家统一。团结是社会主义民族关系的主线，各民族只有同心同德、携手共进，才能巩固和发展民主团结、生动活泼、安定和谐的政治局面，形成中华民族的强大凝聚力和牢固向心力。互助是社会主义民族关系的保障，各民族只有互相支持、互相帮助、优势互补，才能实现共同发展、共同富裕。和谐是社会主义民族关系的本质，各民族只有和睦相处、亲如一家，才能充分发挥中华民族的整体优势和创造活力，更好地实现中华民族的伟大复兴。新中国成立以来，我国在保障各民族平等权利方面，采取了各种政策措施：

1. 宪法明确规定了各民族一律平等。《中华人民共和国宪法》规定："中华人民共和国各民族一律平等。国家保障各少数民族的合法权利和利益，维护和发展各民族的平等、团结、互助关系。禁止对任何民族的歧视和压迫。"

2. 消除、更改了旧中国遗留下来的对少数民族带有歧视、侮辱性的地名、族名和其他历史遗迹。

3. 成功地进行了民族识别。在中华人民共和国成立以前，中国究竟有多少少数民族，并不清楚。中华人民共和国成立后，为了全面贯彻实行民族平等政策，从 1953 年起，国家组织了大规模的民族识别考察工作，辨别民族成分和民族名称。识别考察从中国的历史和现实情况出发，按照科学认定与本民族意愿相结合的原则，只要具有构成单一民族条件的，不管其社会发展水平如何，不论其居住区域大小和人口多少，都认定为一个民族。经过认真的调查研究，到 1954 年，中国政府确认了 38 个民族；到 1964 年，中国政府又确认了 15 个民族。加上 1965 年确认的珞巴族、1979年确认的基诺族，全国 55 个少数民族都被正式确认并公布。新中国的民族识别工作使许多不被旧中国的统治者承认的少数民族获得了应有的承认，并与中国其他民族一样享有平等权利。

4. 国家法律保障各民族有使用和发展自己的语言文字的自由，有保持或者改革自己风俗习惯的自由。

5. 各民族参与国家政治生活，自主管理本民族内部事务。我国 56 个民族在全国人大、全国政协都有自己的代表和委员。十一届全国人大少数民族代表 411 人，占代表总数的 13.76%，比少数民族人口占全国人口比例 8.41% 高出 5.35%。每个少数民族都有本民族的代表，100 万以上人口的少数民族都有全国人大常委会委员。

要坚持反对大民族主义和地方民族主义。我国《宪法》和《民族区域自治法》都明确规定：在维护民族团结的斗争中，要反对大民族主义，主要是大汉族主义，也要反对地方民族主义。由于历史上的遗毒，由于当前我国社会转型期出现的社会矛盾的复杂性，由于国际上各种民族主义思潮的影响，两种民族主义在我国仍有不同程度的表现。但是，需要指出，在我国社会主义初级阶段，这两种民族主义的表现一般来说都属于人民内部矛盾，对出现的问题应当采取慎重和实事求是的态度，属于什么问题就按什么问题处理，不要轻易扣民族主义的帽子。这个方面，我们有过深刻的教训，必须注意吸取。对于反对民族主义，争取民族团结问题，早在1950年邓小平就指出，汉族同志在这个方面要主动多承担责任。他说："只要一抛弃大民族主义，就可以换得少数民族抛弃狭隘的民族主义。我们不能首先要求少数民族取消狭隘的民族主义，而是应当首先老老实实取消大民族主义。两个主义一取消，团结就出现了。"同时，国家还在全体公民中广泛开展各民族大团结的宣传和教育。在文艺作品、影视作品、新闻报道、学术研究中都大力倡导民族平等、民族团结，反对民族压迫和民族歧视，特别是反对大民族主义。为防止和杜绝意识形态领域的大民族主义和不平等现象的出现，中国政府有关部门、机构专门就严禁在新闻出版和文艺作品中出现损害民族团结内容等事项作出了规定。

自20世纪80年代以来，我国政府及有关部门多次举行民族团结进步表彰活动，对维护各民族平等权利、促进各民族和睦相处和共同进步繁荣的单位和个人给予表彰和奖励。1988年，我国政府在全国广泛深入开展民族团结进步活动的基础上，召开了第一次全国民族团结进步表彰大会，有565个先进集体、601名先进个人受到表彰。先后于1994、1999和2005年，召开三次全国民族团结进步表彰大会。通过开展民族团结进步表彰活动，激励先进，弘扬正气，使民族团结成为强大的社会舆论和良好的社会风尚，不仅推动了民族团结进步事业的发展，而且对维护少数民族地区和整个国家的稳定也产生了深远影响。

第二，实行民族区域自治制度。民族区域自治制度是中国共产党和中国政府解决国内民族问题的一项基本政策，也是国家的一项基本政治制度，即在国家的统一领导下，各少数民族聚居的地方实行区域自治，设立自治机关，行使自治权，使少数民族人民当家作主，自己管理本自治地方的内部事务。中华人民共和国成立之前的 1947 年，在中国共产党领导下，已经解放的蒙古族地区就建立了中国第一个省级少数民族自治地方——内蒙古自治区。中华人民共和国成立后，我国政府开始在少数民族聚居的地方全面推行民族区域自治。1955 年 10 月，新疆维吾尔自治区成立；1958 年 3 月，广西壮族自治区成立；1958 年 10 月，宁夏回族自治区成立；1965 年 9 月，西藏自治区成立。截至 2003 年底，我国共建立了 155 个民族自治地方，其中包括 5 个自治区、30 个自治州、120 个自治县（旗）。根据 2000 年第五次全国人口普查，在 55 个少数民族中，有 44 个建立了自治地方，实行区域自治的少数民族人口占少数民族总人口的 71%，民族自治地方的面积占全国国土总面积的 64% 左右。鉴于一些少数民族聚居地域较小、人口较少并且分散，不宜建立自治地方，《宪法》规定通过设立民族乡的办法，使这些少数民族也能行使当家作主、管理本民族内部事务的权利。1993 年，中国政府颁布《民族乡行政工作条例》，以保障民族乡制度的实施。截至 2003 年底，中国在相当于乡的少数民族聚居的地方共建立了 1 173 个民族乡。11 个因人口较少且聚居区域较小而没有实行区域自治的少数民族中，有 9 个建有民族乡。我国实行民族区域自治的依据主要是：统一的多民族国家的长期存在，是实行民族区域自治的历史基础；近代以来在反抗外来侵略斗争中形成的爱国主义精神，是实行民族区域自治的政治基础；各民族错居杂处、相互共存的状况，是实行民族区域自治的现实基础，民族地区与汉族地区之间资源条件和发展水平的不平衡性，是实行民族区域自治的经济基础。

《民族区域自治法》是实施《宪法》规定的民族区域自治制度的基本法律，早在 1952 年，我国政府就发布《中华人民共和国民族区域自治实施纲要》，对民族自治地方的建立、自治机关的组成、自治机关的自治权利等重要问题作出明确规定。1984 年 5 月 31 日，在总结实施民族区域自治经验的基础上，第六届全国人民代表大会第二次会议通过了《民族区域自治法》，并决定自同年 10 月 1 日起正式实施。2001 年，根据社会主义市场经济条件下进一步加快民族自治地方经济社会事业发展的需要，在充分尊重和体现民族自治地方各族人民意愿的基础上，全国人大常委会对《民族区域自治法》进行了修改，使这一法律更加完善。

《民族区域自治法》的内容涵盖政治、经济、文化、社会等各个方面。它规范了中央和民族自治地方的关系，以及民族自治地方各民族之间关系，其法律效力不只限于民族自治地方，全国各族人民和一切国家机关都必须遵守、执行该项法律。根据民族区域自治法，民族自治地方分为自治区、自治州、自治县三级。民族自治地方的自治机关是自治区、自治州、自治县的人民代表大会和人民政府。民族自治地方的自治机关，其建立和组织均依据人民代表大会制度的基本原则，但又有别于一般地方国家机关。根据法律规定，自治区主席、自治州州长、自治县县长应由实行区域自治的民族的公民担任，自治地方人大常委会应由实行区域自治的民族的公民担任主任或副主任，自治地方人民政府的组成人员应尽量配备少数民族人员。民族自治地方的自治机关在行使地方国家机关职权的同时，依据宪法和民族区域自治法的规定行使自治权利。自治机关可以制定自治条例和单行条例，有权在不违反宪法和法律的原则下采取特殊政策和灵活措施，上级国家机关的决议、决定、命令和指示如有不适合民族自治地方实际情况的，自治机关可以报上级国家机关批准，变通执行或者停止执行。自治地方的自治权利很重要的是自主管理和安排地方性的经济、文化建设事业的权利。为此，宪法和《民族区域自治法》规定，自治机关有管理地方财政的自治权，在国家的指导下，自主地安排和管理地方性的经济建设事业；自主地管理本地方的教育、科学、文化、卫生、体育事业。

我国的民族区域自治是民族因素和区域因素的结合，政治因素和经济因素的结合，历史因素和现实因素的结合。它的特点和优点是把国家的集中统一与民族的自主平等结合起来；把党和国家的总的方针政策与少数民族和民族地区的具体实际结合起来；把国家的发展与少数民族的发展结合起来。实践证明，这一制度符合我国国情和各族人民的根本利益，具有强大生命力。民族区域自治，作为党解决我国民族问题的一条基本经验不容置疑，作为我国的一项基本政治制度不容动摇，作为我国的一大政治优势不容削弱。

第三，大力培养和选拔少数民族干部。一是根据民族工作以及社会发展的需要，通过各级各类院校培训学习，全面提高少数民族干部素质。二是注重实践锻炼，各地、各部门有计划地开展干部交流、岗位轮换，选派少数民族干部到中央、国家机关和经济相对发达地区挂职锻炼，培养了大批少数民族干部，促进了少数民族地区经济社会的快速发展。三是在坚持德才兼备原则的前提下，同等条件优先选拔和使用少数民族干部，使少数民族干部在各级党委、政府、人大和政协等领导班子中占有适当比例。现在少数民族干部队伍已近 300 万人，包括行政、经济、科技、教育、文生等各方面人才和管理人员，这是一支既坚持祖国统一和民族团结，又能密切联系本民族群众的宏大的少数民族干部队伍。他们在从中央到地方和基层的各种岗位上辛勤工作，对国家统一和民族团结，对各民族的社会进步，对民族地区经济、文化事业的发展发挥着重要作用。

第四，积极帮助少数民族地区发展经济。中华人民共和国成立后，国家尽一切努力，促进各民族的共同发展和共同繁荣。国家根据民族地区的实际情况，制定和采取了一系列特殊的政策和措施，帮助、扶持民族地区发展经济，并动员和组织汉族发达地区支援民族地区。《中华人民共和国民族区域自治法》中，有十三条规定了上级国家机关帮助民族自治地方发展的义务。国家在制定国民经济和社会发展计划时，有计划地在少数民族地区安排一些重点工程，调整少数民族地区的经济结构，发展多种产业，提高综合经济实力。特别是随着近年来中国改革开放的不断深入发展，国家加大了对少数民族地区的扶持力度，实行了一系列特殊的优惠政策，并且要求做到"四个结合"，即要把国家帮助少数民族地区发展经济与少数民族的自力更生相结合；把国家对少数民族地区的资源开发与这些地区少数民族的发展繁荣和少数民族群众的具体利益相结合；把少数民族地区的资源优势与沿海地区和内地经济发达地区的人才、资金、技术优势相结合；把经济开放与智力开发相结合。特别是近年来进一步加大扶持力度，通过多种措施和途径加快了少数民族地区对外开放的步伐，使少数民族地区的经济发展呈现新的活力。

第五，发展少数民族和民族地区文化教育和科学技术，促进各民族的全面进步。新中国成立以来，党和国家对发展民族地区的科学文化教育卫生事业采取了一系列政策措施，在发展少数民族教育事业方面，国家坚持从少数民族的特点和民族地区的实际出发，积极支持和帮助少数民族发展教育事业。如赋予和尊重少数民族自治地方自主发展民族教育的权利，重视民族语文教学和双语教学，加强少数民族师资队伍建设，在经费上给予特殊照顾，积极开展内地省市对少数民族地区教育的对口支援，举办寄宿制中小学，实行定向招生，在招生中对少数民族学生给予特殊照顾等。

在发展少数民族科技事业方面，国家采取了许多特殊措施，如：重点培养、培训少数民族科技人员，在普通高等院校有计划地招收少数民族学生或举办民族班；帮助少数民族和民族地区引进人才和先进技术设备，改造传统产业和传统产品，扶植提高传统科技，提高经济效益等。在繁荣少数民族文化政策方面，国家扶持和帮助少数民族发展文化事业，组建民族文化艺术团体，培养少数民族文艺人才，繁荣民族文艺创作。对少数民族地区的卫生事业，国家有关政策强调，要加强少数民族地区卫生队伍的建设，切实做好防病治病和妇幼卫生工作，大力扶持发展民族医药卫生机构和发扬少数民族的传统医学，根据国家的计划生育政策和少数民族的实际情况，计划生育，优生优育，提高民族身体素质等。这些政策措施极大地改变了民族地区的科教文化和卫生事业的面貌。

第六，尊重和发展少数民族语言文字。中国各民族都有使用和发展自己语言文字的自由和权利。国家在 20 世纪 50 年代组织人员对少数民族语言文字情况进行了全面调查，建立专门的民族语文工作机构和研究机构，培养民族语文专门人才，帮助少数民族创制、改进或改革文字，推进少数民族语文在各个领域中的运用。

目前，我国 55 个少数民族中，除回族和满族通用汉语文外，其余 53 个民族都有自己的民族语言。有文字的民族有 21 个，共使用 27 种文字，其中壮、布依、苗、纳西、傈僳、哈尼、佤、侗、景颇（载佤文系）、土等十多个民族使用的 13 种文字是由政府帮助创制或改进的。《中华人民共和国宪法》规定："各民族都有使用和发展自己语言文字的自由。""民族自治地方的自治机关在执行公务的时候，依照本民族自治地方自治条例的规定，使用当地通用的一种或者几种语言文字。"《中华人民共和国民族区域自治法》第十条规定："民族自治地方的自治机关保障本地方各民族都有使用和发展自己的语言文字的自由。"第二十一条规定："民族自治地方的自治机关在执行职务的时候，依照本民族自治地方自治条例的规定，使用当地通用的一种或者几种语言文字；同时使用几种通用的语言文字执行公务的，可以实行区域自治的民族的语言文字为主。"在我国，无论在司法、行政、教育等领域，还是在国家政治和社会生活中，少数民族语言文字都得到广泛使用。在国家政治生活中，全国人民代表大会、中国人民政治协商会议召开的重要会议和全国或地区性重大活动，都提供蒙古、藏、维吾尔、哈萨克、朝鲜、彝、壮等民族语言文字的文件或语言翻译。民族自治地方的自治机关在执行职务的时候，都使用当地通用的一种或几种文字。在教育领域，各民族自治地方的自治机关根据国家的教育方针，依照法律规定，决定本地方的教育规划和各级各类学校的教学用语。少数民族为主的学校及其他教育机构，使用本民族或者当地通用的语言文字进行教学。在新闻、出版、广播、影视等领域，目前中国用17种少数民族文字出版近百种报纸，用11种少数民族文字出版73种杂志。中央人民广播电台和地方台用16种少数民族语言进行广播，地、州、县电台或广播站使用当地语言广播的达20多种。用少数民族语言摄制的故事片达3 410部（集）、译制各类影片达10 430部（集）。到1998年，全国36家民族类出版社用23种民族文字出版各类图书4 100多种，印数达5 300多万册。

在尊重和发展少数民族语言文字的同时，党和政府提倡各民族互相学习语言文字，在少数民族地区工作的汉族干部要学习当地少数民族语言文字，少数民族干部群众要学习和使用全国通用的普通话和规范汉字。

第七，尊重少数民族风俗习惯和宗教信仰。我国各少数民族都有自己的风俗习惯，表现在服饰、饮食、居住、婚姻、礼仪、丧葬等多方面。国家尊重少数民族的风俗习惯，少数民族享有保持或改革本民族风俗习惯的权利。我国宪法规定：各民族"都有保持或者改革自己的风俗习惯的自由"。尊重少数民族的风俗习惯，就是尊重少数民族，是民族平等的体现，对民族团结有重要意义。我国政府对少数民族保持或改革本民族风俗习惯的权利加以保护，体现在尊重少数民族的饮食习惯，尊重和照顾少数民族年节习惯，尊重少数民族婚姻习惯，尊重少数民族丧葬习俗，在大众传播媒介中防止侵犯少数民族风俗习惯的事情发生，尊重少数民族改革自己风俗习惯的自由。

民族和宗教是两个不同的范畴，但民族问题又往往和宗教问题交织在一起。所以尊重少数民族的风俗习惯又和尊重少数民族的宗教信仰联系在一起。党和国家的基本政策是尊重各民族的宗教信仰自由，任何国家机关、社会团体和个人都不能强制公民信仰宗教或者不信仰宗教，不得歧视信教公民和不信教公民。信教或不信教，信这种或信那种教的，都要互相尊重，和平相处，这是保持民族团结和社会稳定，团结各族人民共同建设社会主义现代化的一个重要方面。

第八，高举爱国主义旗帜，维护祖国统一和社会稳定。国家统一是各族人民的最高利益。我国56个民族结成了不可分割的中华民族大家庭，国家利益代表着各民族的根本利益。维护祖国统一，保持社会稳定，对于我们伟大祖国的进一步发展繁荣，对于各族人民的富裕和安居乐业，具有特别重要的意义。新中国成立后我国各民族的一切成就，就是在维护国家统一、稳定的前提下取得的。今后我国各民族要实现共同团结进步，共同繁荣发展，也必须依靠国家的统一和稳定。

在共同团结奋斗的历史岁月中，中华民族形成了以爱国主义为核心的团结统一、爱好和平、勤劳勇敢、自强不息的伟大民族精神。这种精神，是中华各民族赖以生存和发展的精神支撑，是中华民族具有强大生命力、凝聚力和创造力的重要源泉。我们必须大力弘扬以爱国主义为核心的民族精神，使伟大的民族精神深深扎根在各族人民心中，成为推动事业发展、加强民族团结、维护祖国统一的强大精神力量。弘扬和培育以爱国主义为核心的民族精神，需要社会方方面面的关心和支持，形成家庭、学校、机关、企事业单位和整个社会相互衔接、相互支撑的合力。各级党委和政府要真正把弘扬和培育民族精神作为社会主义文化建设的重要任务，摆上议事日程，制定行动计划，采取有效措施。要善于抓住机遇，以一些重大活动和重大事件为契机，不断地掀起民族精神教育的热潮。法制建设、各项经济和社会政策，都要努力为弘扬和培育民族精神提供有力保障。新闻媒体和大众传媒要坚持以正确的舆论引导人、高尚的精神鼓舞人，大力倡导为实现中华民族伟大复兴而乐于奉献的爱国主义精神，鼓励一切有利于国家统一、民族团结、经济发展、社会进步的先进文化，使以爱国主义为核心的伟大民族精神同思想道德建设有机统一于中国特色社会主义实践之中，成为全民族奋发前进的强大精神支柱。

第二节　正确对待统一战线的工作

"长期共存、互相监督"八字方针，是毛泽东于1956年我国社会主义改造基本完成之后提出来的。中国共产党第八次全国代表大会正式确立了这一方针，体现了中国共产党和各民主党派长期合作的思想及建设高度社会主义民主的思想。

（一）为什么提出正确对待统一战线的问题

中华人民共和国成立后，当时的形势和统一战线内部的阶级关系发生了重大变化。于是，共产党内和民主党派的一些同志，提出了民主党派是否还有政治价值的问题。当时党内对统一战线的认识并非完全一致。因为革命胜利，党内一部分同志滋长了骄傲情绪和以功臣自居的思想。在对待统一战线问题上，存在着严重的"左"的关门主义倾向。党内不少人认为民主党派的历史任务已经基本终结，说"民主党派可有可无，寿命不长了，最多不过维持三五年也就完了"，主张要以斗争为主，"少统多战"。尤其是对我党同党外人士长期合作的政策缺少正确的认识，看不到统一战线在革命胜利后新形势下的必要性和重要性，瞧不起民主党派和民主人士。对于安排他们的代表人物担任人民政府的领导职务不服气。"老革命不如新革命，新革命不如不革命，不革命不如反革命"，这种说法当时在党内很流行。

在对民族资产阶级问题上，一些同志则强调斗争与限制，要求提早消灭资本主义，这种情绪在建国初期尤为突出地反映出来。民主党派内部不少人也感到民主党派可有可无。有的民主党派工作干部认为，自己好似锡箔店里做伙计，明知无前途，只好干。毛泽东曾在一次谈话中批评这种说法不是个别问题，而是党内干部思想上带普遍性的问题。并指出这些同志不懂得统一战线的重要，不了解争取民主人士的意义。毛泽东还说：统一战线的路线，不成问题，大家都赞成；《共产党人发刊词》，大家赞成；七大的报告《论联合政府》，大家也赞成了；《论人民民主专政》，大家也一致赞同；还没有不赞成统一战线的路线的。但遇到具体问题，特别是组织问题，就发生很大抵触，就要挡驾。大家喜欢"清一色"。我当过主席两次，第一次当中华苏维埃主席，代表全是党员，很纯洁，但纯洁的结果，就是二万五千里。我们今天所以能够胜利，不是因为"纯洁"，而是因为有统一战线，如果今天还不理解这个问题，就要犯过去所犯的历史错误。

1950 年 3 月召开的第一次全国统战工作会议统一了中国共产党和民主党派关于统一战线工作重要性的再认识。在此前后，各民主党派清理和整顿了各自的思想与队伍，引导各自成员投身国家建设。1953 年过渡时期总路线公布以后，各民主党派在总路线精神指引下，积极参加社会主义改造实践。后来，中央统战部部长李维汉同志总结指出，从建国以来，各民主党派主要发挥了"参、代、监、改"四个重要作用："参"即参加国家建设，参加国家事务的管理。"代"即代表所联系的阶级、阶层的利益，反映他们的合法利益和合理要求。"监"就是对共产党和国家机关的工作起监督作用。"改"就是通过学习和实践，进行自我教育和自我改造。这些工作，为此后中国共产党同民主党派的合作，奠定了重要的政治基础和思想基础。

1956 年对资本主义工商业的社会主义改造基本完成以后，我国社会主义制度得到初步确立。在社会主义条件下，还要不要坚持共产党领导的多党合作作为一个重大问题再次提了出来。1956 年 1 月召开的最高国务会议上，毛泽东明确提出：建设社会主义，要继续巩固和扩大人民民主统一战线，团结一切可能团结的力量。4 月，毛泽东作了《论十大关系》的重要讲话，明确指出："究竟是一个党好，还是几个党好？现在看来，恐怕是几个党好。不但过去如此，而且将来也可以如此，就是'长期共存、互相监督'。"于是，在 1956 年 9 月 15 日至 27 日召开的中国共产党第八次全国代表大会上，接受了毛泽东的意见。决议正式确定同各民主党派实行"长期共存、互相监督"的方针。

（二）"长期共存、互相监督"的基本依据

统一战线不仅在新民主主义革命时期是一个重要法宝，在社会主义时期仍然是一个重要法宝。新中国成立后，统一战线在社会主义改造和社会主义建设两个不同时期既相同又不同。相同点主要是社会主义改造和社会主义建设时期的统一战线都可以称为"人民民主统一战线"，都是工人阶级领导，以工农联盟为基础。主要的不同点是，在基本完成社会主义改造的时期，工人阶级及其政党——中国共产党同已经成为社会主义改造对象的民族资产阶级继续保持着联盟的关系，实现了对资产阶级的和平赎买，达到了既消灭资产阶级又把这个阶级中的绝大多数逐步改造成为劳动者的目的。简言之，在社会主义改造时期，党同民族资产阶级保持着联盟，人民民主统一战线包括民族资产阶级在内；社会主义改造完成、社会主义制度建立后，民族资产阶级作为一个阶级已经不存在了。这之后的人民民主统一战线成为工人阶级领导的，以工农联盟为基础的，包括各民族的工人、农民、知识分子和其他劳动人民、各民主党派和民主人士、爱国侨胞在内的广泛的统一战线。社会主义建设时期的人民民主统一战线的新任务，就是要团结一切可以团结的力量，为社会主义建设事业服务。

毛泽东在《论十大关系》中指出，究竟是一个党好，还是几个党好？现在看来，恐怕是几个党好，就是"长期共存，互相监督"。在《关于正确处理人民内部矛盾的问题》中，毛泽东进一步阐述了这个方针的内涵。所谓"长期共存"是指，凡属一切确实致力于团结人民从事社会主义事业的、得到人民信任的党派，都

可以同中国共产党长期共同存在；所谓"互相监督"是指各党派之间互相监督，共产党可以监督民主党派，民主党派也可以监督共产党。

实行这一方针的基本依据。毛泽东指出，这个方针是我国具体的历史条件的产物。一方面，我国的民主党派与欧美国家的资产阶级政党不同，在历史上是同中国共产党长期合作的爱国的进步的政党。在社会主义过渡时期，它们接受共产党的领导，采取了为社会主义服务的政治路线；社会主义改造完成后，它们的成员及其所联系的群众成为社会主义劳动者的一部分。共产党应该继续同各民主党派合作，长期共存。另一方面，执政的中国共产党需要接受来自各方面的监督，包括来自民主党派的监督。有了民主党派的监督，这对共产党更有益。民主党派能够对共产党提供单靠共产党自己的党员所不能提供的监督。

（三）"长期共存、互相监督"的基本内涵

我们如何理解"长期共存、互相监督"的基本内涵呢？毛泽东在《论十大关系》中对"长期共存、互相监督"方针的内涵，作了明确的阐述。1957年2月27日，毛泽东发表了《关于正确处理人民内部矛盾的问题》，对这一方针作了更为详细的阐述。

"长期共存、互相监督"方针包括了两个方面的基本内涵。一方面，长期共存是指共产党存在多久，民主党派就存在多久，一直要共存到将来社会的发展不需要政党的时候为止。另一方面，互相监督是指共产党可以监督民主党派，民主党派也可以监督共

产党，但由于共产党居于领导地位，首先要请民主党派来监督自己。毛泽东指出："为什么要让资产阶级和小资产阶级的民主党派同工人阶级政党长期共存呢？这是因为凡属一切确实致力于团结人民从事社会主义事业的、得到人民信任的党派，我们没有理由不对它们采取长期共存的方针。"但是，"至于各民主党派是否能够长期存在下去，不是单由共产党一方面的愿望作决定，还要看各民主党派自己的表现，要看它们是否取得人民的信任"。

所谓互相监督，就是各党派之间互相提意见，作批评。互相监督不是单方面的，中国共产党可以监督各民主党派，各民主党派也可以监督中国共产党。毛泽东指出："为什么要让民主党派监督共产党呢？这是因为一个党同一个人一样，耳边很需要听到不同的声音。大家知道，主要监督共产党的是劳动人民和党员群众。但是有了民主党派，对我们更为有益。"这就在于，当时我们正处在社会主义改造刚刚完成，社会主义制度刚刚确立的初期，中国共产党和无产阶级专政必须继续加强，否则就不能镇压反革命，不能抵抗帝国主义，不能建设社会主义，建设起来也不巩固；中国共产党处在执政党地位，是全国人民的领导核心，国家的兴衰，社会主义事业的成败，同党的领导正确与否有着直接关系。因此，中国共产党既需要有来自劳动人民的监督，同时也需要有来自各民主党派和无党派民主人士的监督与批评，从中得到帮助，克服官僚主义，避免主观主义，及时发现和纠正工作中的缺点与错误。使党制定各项政策，开展各项工作能够集思广益，符合群众要求。各民主党派对中国共产党的这种监督"能够对于我们党提供一种单靠党员所不容易提供的监督，能够发现我们工作中的一些没有发现的错误和缺点，能够对于我们的工作做出有益的帮助"。由此可见，互相监督是各民主党派长期存在的价值所在。只有实行互相监督，才能巩固中国共产党与各民主党派长期共存的友好关系。党的"长期共存、互相监督"方针的提出，对扩大社会主义民主，巩固人民民主统一战线的团结起着极大的推动作用，也为继续发展我国多党合作制提供了坚实基础。

我国八大民主党派的形成及其发展现状。中国多党合作制度中包括中国共产党和八个民主党派。八个民主党派是中国国民党革命委员会、中国民主同盟、中国民主建国会、中国民主促进会、中国农工民主党、中国致公党、九三学社、台湾民主自治同盟。

在中国的政治体制中，共产党是居于领导地位的政党，是执政党；各民主党派是接受共产党领导的、同中国共产党通力合作、共同致力于社会主义事业的亲密友党，是参政党。中国的民主党派是中国宪法承认并受宪法保护的合法政党，有各自的章程和中央领导机构，独立自主地进行工作和活动。各民主党派都是中国共产党领导的爱国统一战线组织——中国人民政治协商会议的组成单位，通过政治协商、民主监督方式，同中国共产党进行合作，参加国家政权，参与国家大政方针和国家领导人选的协商，参与国家事务管理，参与国家方针、政策、法律、法规的制定和执行。

中国的民主党派是在中国共产党领导的新民主主义革命斗争中逐步形成和发展起来的，在民主革命中有过光荣的历史，在社会主义革命和建设中也做出了重要的贡献。中国各民主党派自成立之日起就同中国共产党建立了不同程度的合作关系，并且在革命斗争中逐步发展了这种关系。1948 年 5 月到 1949 年初，各民主党派先后响应中国共产党发出召开新的政治协商会议的号召，参加了会议的筹备工作，和中国共产党一道，经过民主协商，制定了共同纲领，选举了中央人民政府，中华人民共和国由此而诞生。建国后，各民主党派一直与中国共产党亲密合作，"长期共存、互相监督、肝胆相照、荣辱与共"，积极参政议政，在改革开放、四个现代化建设中日益发挥显著作用。

中国国民党革命委员会。中国国民党革命委员会（简称民革）由原中国国民党民主派和其他爱国民主人士所创建，是具有政治联盟特点的、致力于建设有中国特色社会主义和祖国统一事业的政党。主要创始人为宋庆龄、何香凝、李济深。

中国国民党革命委员会的建立与发展。1945 年和 1946 年以国民党民主派人士为基本骨干的"三民主义同志联合会"（简称民联）和"中国国民党民主促进会"（简称民促）分别在重庆和广州成立。1947 年 11 月，国民党民主派第一次联合代表会议在香港举行。1948 年 1 月 1 日，会议宣布中国国民党革命委员会正式成立，推举宋庆龄为名誉主席，李济深为主席，何香凝、冯玉祥等入选中央领导机构。1949 年，李济深、何香凝、柳亚子等人参加中国人民政治协商会议第一届全体会议，参与《共同纲领》的制定，参与选举中央人民政府。宋庆龄、李济深任中央人民政府副主席，谭平山、朱学范、傅作义、李德全、何香凝分别任政府部委的部长和主任。1949 年 11 月，中国国民党民主派第二次全国代表会议在北京举行，决定将民革、民联、民促和国民党其他爱国民主分子统一为一个组织——中国国民党革命委员会（民联、民促宣告结束）。统一后的民革分别于 1956 年、1958 年、1979 年、1983 年、1988 年、1992 年、1997 年召开了第三、四、五、六、七、八、九次全国代表大会。民革历任主席为李济深、何香凝、朱蕴山、王昆仑、屈武、朱学范、侯镜如、李沛瑶、何鲁丽；现任主席周铁农。

中国国民党革命委员会的发展现状。我国进入改革开放新时期以来，民革在邓小平理论指引下，积极拥护和贯彻中国共产党的基本路线，动员广大成员和所联系的群众，为振兴中华、统一祖国大业努力奋斗，竭诚奉献。民革发展成员，是以同原中国国民党有关系的人士，同民革有历史联系和社会联系的人士，同台湾各界有联系的人士，以及其他人士为对象，着重吸收其中有代表性的中上层人士和中高级知识分子。目前，除台湾、西藏外，民革在30个省、自治区、直辖市建立了组织，现有党员八万余人。民革中央机关分设办公厅、研究室、组织部、宣传部、联络部、经济建设和社会发展部等6个职能部室。民革中央主办有向海内外公开发行的报纸《团结报》和内部发行刊物《团结》杂志，并有团结出版社、中国通和经济开发咨询服务中心等。

中国民主同盟。中国民主同盟（简称民盟）是主要由从事文化教育以及科学技术工作的高、中级知识分子组成的，具有政治联盟特点的、致力于社会主义事业的政党。主要创始人为张澜、沈钧儒、黄炎培、章伯钧等。

中国民主同盟的建立与发展。民盟成立时的名称为"中国民主政团同盟"。参加的党派有：中国青年党、国家社会党（后改称民主社会党）、中华民族解放行动委员会（后改称农工民主党）、中华职业教育社、乡村建设协会等。1941年11月，中国民主政团同盟公开宣布成立。1942年，沈钧儒领导的全国各界救国联合会加入。1944年中国民主政团同盟决定改名为"中国民主同盟"。1945年，民盟一大召开，推举张澜为主席。1947年10月，民盟被宣布为"非法团体"，总部被迫解散。次年1月，民盟在香港召开一届三中全会，成立临时总部。1949 年 9 月，民盟代表张澜、沈钧儒、章伯钧、罗隆基、张东荪、史良、楚图南、费孝通等出席政协第一届会议，张澜任中央人民政府副主席，沈钧儒任全国政协副主席、最高人民法院院长，史良、胡愈之分别任政府部长。建国后，民盟分别于 1956 年、1958 年、1979 年、1983 年、1988 年、1992 年、1997 年召开第二、三、四、五、六、七、八次全国代表大会。民盟历届主席为黄炎培、张澜、沈钧儒、杨明轩、史良、楚图南、费孝通、丁石孙。现任主席蒋树声。

中国民主同盟的发展现状。我国进入改革开放新时期以来，民盟以邓小平理论为指导，把工作重点转移到社会主义现代化建设上来，积极参政议政，发挥自身的特点和优势，为改革开放和社会主义现代化建设事业做出了积极的贡献。民盟发展成员以大中城市为主，以从事文化教育工作的高、中级知识分子为主。民盟在除台湾、西藏外的 30 个省、自治区、直辖市建立了地方组织，共有盟员十八万余人。民盟中央机关分设办公厅、组织部、宣传部、社会服务部、研究室、专门委员会综合办公室等 6 个职能部室。民盟中央主办有向国内外公开发行的月刊《群言》和机关内部刊物《中央盟讯》，并有群言出版社和群言科技咨询服务中心。

中国民主建国会。中国民主建国会（简称民建）是主要由经济界人士组成的，具有政治联盟特点的、致力于社会主义事业的政党。创始人为黄炎培、胡厥文、章乃器、施复亮等。

中国民主建国会的建立与发展。中国的民族资本是在帝国主义和封建主义的压迫下艰难地成长起来的。抗日战争时期，在日本帝国主义的侵略和以四大家族为代表的国民党官僚资本的盘剥下，民族工商业者为了生存，积极投身抗日民主运动，要求政治、经济民主，并成立了几个商业组织。国共两党"双十协定"达成后，以黄炎培为首的中华职教社和以胡厥文为代表的迁川工厂联合会及其与他们相联系的文教界上层知识分子和民族工商业者，酝酿成立代表他们利益的政治性组织。1945 年 12 月 16 日，民主建国会宣告成立。会议推举胡厥文、章乃器、黄炎培等人为理事。1949 年 9 月，民建代表黄炎培、章乃器、胡厥文、施复亮、孙起孟等参加政协第一届会议，参与制定《共同纲领》，黄炎培任中央人民政府政务院副总理。民建分别于 1955 年、1960 年、1979 年、1983 年、1992 年、1997 年召开第一、二、三、四、五、六、七次全国代表大会。民建历届领导人和主席为黄炎培、胡厥文、孙起孟、成思危。现任主席陈昌智。

中国民主建国会的发展现状。我国进入改革开放新时期以来，民建在邓小平理论指引下，致力于发展社会生产力，充分发挥同经济界联系密切的优势，注意发挥原工商业者的作用，积极开展经济咨询服务、工商专业培训和引进侨资外资等服务活动，为改革开放和经济建设作出了贡献。民建发展成员以大中城市为主，以中上导人士为主，以经济界人士为主。民建在除西藏、台湾外的 30 个省、自治区、直辖市建有组织，共有会员十万余人。民建中央机关分设办公厅、组织部、宣传部、调查研究部、联络部、为两个文明建设服务部等 6 个职能部室。民建中央主办有内部刊物《民讯》和公开发行的经济理论刊物《经济界》杂志，并有民主与建设出版社。

中国民主促进会。中国民主促进会（简称民进）是以从事教育文化出版工作的高中级知识分子为主的，具有政治联盟性质的、致力于建设有中国特色社会主义事业的政党。主要创始人为马叙伦、王绍鏊、周建人、许广平等。

中国民主促进会的建立与发展。抗日战争时期，留在上海的文化教育界进步知识分子马叙伦、王绍鏊、周建人、许广平、林汉达、徐伯昕、赵朴初、雷洁琼、郑振铎、柯灵等坚持抗日救亡斗争，积极投入到反对内战，争取和平、反对独裁、争取民主的爱国民主运动中。根据当时斗争的需要，经过协商，他们决定成立一个"发扬民主精神，推进中国民主政治之实现"为宗旨的政治组织。1945 年 12 月，中国民主促进会在上海成立。1949 年 9 月，民进代表马叙伦、许广平、周建人、王绍鏊、雷洁琼等出席政协第一届会议，参与制定了《共同纲领》。马叙伦任教育部长。民进分别于 1950 年、1956 年、1958 年、1979 年、1983 年、1988 年、1992 年、1997 年召开了第一、二、三、四、五、六、七、八次全国代表大会。民进历届主席为马叙伦、周建人、叶圣陶、雷洁琼、许嘉璐。现任主席严隽琪。

中国民主促进会的发展现状。我国进入改革开放新时期以来，在邓小平理论的指导下，民进积极对国家经济建设，教育和文化出版的改革和国家政治生活中的一些重要问题提出建议；维护人民教师的利益和尊严；在讲学办学、科技咨询服务、智力扶贫、海外联谊等方面，做了大量工作。民进发展成员以从事教育文化出版工作的知识分子为主、以大中城市为主、以有一定代表性人士为主。目前，民进已在全国 29 个省、自治区、直辖市建立了地方组织，会员人数十万余人。民进中央机关分设办公厅、组织部、宣传部、社会服务部、议政调研部、研究室等 6 个职能部室。民进中央主办有向国内外公开发行的月刊《民主》杂志，并有开明出版社和开明音像出版社。

中国农工民主党。中国农工民主党（简称农工党）是以医药卫生界高中级知识分子为主、具有政治联盟特点、致力于建设有中国特色社会主义事业的政党。主要创始人有邓演达、黄琪翔、章伯钧等。

中国农工民主党的建立与发展。1927 年 5 月，国民党左派领导人邓演达在上海主持召开第一次全国干部会议，成立中国国民党临时行动委员会。1931 年 11 月，中国国民党临时行动委员会召开第二次全国干部会议，改党名为中华民族解放行动委员会，推举黄琪翔为总书记。1947 年，在上海召开第四次全国干部会议，改党名为中国农工民主党，选举章伯钧为中央执行委员会主席。1949 年 9 月，农工党代表彭泽民、郭冠杰、李士豪等出席政协第一届会议，参与制定《共同纲领》，章伯钧任交通部长。农工党分别于 1949 年、1951 年召开第五、六次全国干部会议。1958 年 11 月，将全国干部会议改为全国代表大会，召开了第七次全国代表大会。1979 年、1983 年、1988 年、1992 年、1997 年分别召开了第八、九、十、十一、十二次全国代表大会。农工党历届领导人和主席为邓演达、黄琪翔、章伯钧、彭泽民、季方、周谷城、卢嘉锡、蒋正华；现任主席桑国卫。

中国农工民主党的发展现状。我国进入改革开放新时期以来，农工党在邓小平理论指引下，积极参政议政，对国家的经济文化建设和医药卫生事业的改革和振兴提出了意见和建议，为促进改革开放发挥积极作用。农工党的发展范围以医药卫生界高中级知识分子为主，以大中城市为主和有一定代表性人士为主。农工党目前在除台湾、西藏外的全国 30 个省、自治区、直辖市建立了地方组织，有党员十万余人。农工党中央机关分设办公厅、组织部、宣传部、咨询服务部、调查研究部、党史资料研究委员会等6个职能部室。农工党主办有中央机关刊物《前进论坛》杂志。

九三学社。九三学社是以科学技术界高、中级知识分子为主的具有政治联盟特点的、致力于社会主义事业的政党。主要创始人有许德珩、潘菽、涂长望等。

九三学社的建立与发展。九三学社的前身为"民主与科学座谈会"。抗日战争时期一批进步学者以民主、科学为宗旨，在重庆组成"民主与科学座谈会"，表明继续发扬五四运动的反帝爱国传统，提倡民主科学精神之志。1945年9月3日，是日本投降签字的日子。"座谈会"举行会议，有人提议，为纪念抗日战争的胜利，应把"座谈会"改为九三座谈会，得到一致赞同。1946年5月，九三学社正式成立。推举褚辅成、许德珩、税西恒、潘菽、涂长望等为常务理事。1949年9月，九三学社代表许德珩、梁希、袁翰青等参加了政协第一届会议，参与制定《共同纲领》的，梁希任农垦部部长。九三学社分别于1956年、1958年、1979年、1983年、1988年、1992年、1997年召开第一、二、三、四、五、六、七次全国代表大会。九三学社历任主席为许德珩、周培源、吴阶平。现任主席韩启德。

九三学社的发展现状。我国进入改革开放新时期以来，九三学社在邓小平理论指引下，紧紧围绕经济建设这个中心，充分发挥科技人才集中的优势，就教育、科技、知识分子、经济发展等重大问题进行调研，提出了一些有重大价值的意见和建议；积极开展智力开发，科技咨询，办学讲学和支边扶贫活动；推动广大社员和所联系的专家学者做好本职工作，为社会主义现代化建设做出了积极贡献。九三学社发展成员以大、中城市为主，以科学技术界为主，以有一定代表性的高、中级知识分子为主。九三学社在除台湾、西藏外的全国 30 个省、自治区、直辖市建有地方组织，现有社员十万余人。九三学社中央机关内设办公厅、组织部、宣传部、科技部、专门委员会办公室、研究室等 6 个职能部室。九三学社中央主办有国内外公开发行的刊物《民主与科学》杂志和内部刊物《九三中央社讯》，并有学苑出版社、学苑音像出版社。

中国致公党。中国致公党（简称致公党）是以归侨、侨眷的中上层人士为主组成的，具有政治联盟特点的、致力于建设有中国特色社会主义的政党。主要创始人为司徒美堂、陈其尤。

中国致公党的建立与发展。致公党于 1925 年 10 月在美国旧金山成立。1931 年，在香港设立总部。抗日战争开始后，致公党发动华侨积极支援祖国抗战。1947 年 5 月，致公党在香港举行第三次代表大会，并发表宣言，揭露和谴责国民党当局发动内战、实行独裁，主张为政治民主而奋斗。1949 年 9 月，致公党代表陈其尤、黄鼎臣等参加政协第一届会议，参与制定《共同纲领》。新中国成立后，致公党的组织从海外转移到国内。致公党分别于 1950 年、1952 年、1956 年、1979 年、1983 年、1988 年、1992 年、1997 年分别召开了第四、五、六、七、八、九、十、十一次全国代表大会。致公党历任主席为陈其尤、黄鼎臣、董寅初、罗豪才。现任主席万钢。

中国致公党的发展现状。我国进入改革开放新时期以来，致公党在邓小平理论指引下，认真履行参政党职责，不断发挥参政议政、民主监督作用。积极开展智力支边、科技扶贫等活动，协助和监督有关部门落实侨务政策，反映侨情，维护归侨、侨眷的合法权益和海外华侨的正当利益；结合自身的特点，积极协助政府引进资金、技术、人才、设备，促进对外贸易；通过走出去、请进来，积极开展海外联谊工作，在国家政治、经济和社会生活中发挥了重要作用。致公党的发展范围是以归侨、侨眷为主，以大中城市为主和有一定代表性人士为主。目前，致公党在全国 17 个省、自治区、直辖市建立了组织，有党员四万余人。致公党中央机关分设办公厅、组织部、宣传部、联络部、研究室等 5 个职能部室。致公党中央主办内部刊物《中国致公》杂志，并有中国致公出版社。

台湾民主自治同盟。台湾民主自治同盟（简称台盟）是由台湾省人士组成的、社会主义劳动者和拥护社会主义的爱国者的政治联盟，是为社会主义服务的政党。主要创始人为谢雪红、杨克煌。

台湾民主自治同盟的建立与发展。台湾"二·二八"起义失败后，起义领导人陆续撤离台湾后聚集香港，于 1947 年 11 月 12 日在香港召开台盟第一次代表会议，正式宣告台湾民主自治同盟成立。谢雪红、杨克煌、苏新被推选为负责人。1949 年 9 月，台盟代表谢雪红、杨克煌、田富达等参加了政协第一届会议，参与制定《共同纲领》。台盟分别于 1979 年、1983 年、1987 年、1992年、1997 年召开了第二、三、四、五、六次全盟代表大会。台盟历届主席为谢雪红、蔡啸、苏子蘅、蔡子民、张克辉。现任主席林文漪。

台湾民主自治同盟的发展现状。我国进入改革开放新时期以来，台盟在邓小平理论指引下，认真履行参政党职责、积极发挥参政议政、民主监督作用，拥护中共关于和平统一祖国的方针，致力于祖国统一大业，坚持反对任何分裂祖国的主张和行为。随着祖国大陆改革开放的深入开展，台盟团结广大盟员和所联系的台胞，为社会主义现代化建设和祖国统一作出了不懈努力。台盟中央1949年由香港迁到大陆后，初建于上海，1955年迁到北京。台盟的组织发展以祖国大陆的台湾省籍的中上层人士为主。目前台盟在祖国大陆台胞较集中的12个省和直辖市建立组织，共有成员不足三万。台盟中央机关内设办公厅、宣传部、研究室、组织部、联络部等5个职能部室。台盟中央有内部双月刊物《台盟》，并有台海出版社。

第三节　正确处理敌我关系

新中国成立之后，敌我的斗争仍然存在。毛泽东在《论十大关系》中详细分析了如何对待革命与反革命的关系问题，即敌我关系问题，以达到维护社会的安定团结的目的。

反革命问题已不是社会的主要问题。经过几年的镇压反革命运动，破坏社会主义建设的敌对分子已经减少了许多。因此，毛泽东在《论十大关系》中指出："应当肯定，还有反革命，但是已经大为减少。"反革命问题已经不是社会的主要问题了，社会主要问题已经变为如何使新中国摆脱落后的状况。这是毛泽东对社会主要矛盾转变认识的初步探索，为党的八大确立社会主要矛盾奠定了基础。

对待反革命分子要区别对待。对待反革命分子，毛泽东认为不能一刀切，要区别对待。对那些罪大恶极的，"东霸天""西霸天"，"老百姓恨透了，所以少数人还是要杀"。对于一般的敌对分子，"要交给农业合作社去管制生产，劳动改造"。对于机关、学校、部队的反革命分子，要一个不杀，大部不捉，个别分子视情况对待。毛泽东认为区别对待反革命分子有两种好处：一是可以纠正错误。二是化消极因素为积极因素。

反革命问题将长期存在。毛泽东认为反革命问题已经不是社会主要问题，但将长期存在。"说反革命已经肃清了，可以高枕无忧了，是不对的。只要中国和世界上还有阶级斗争，就永远不可以放松警惕。"他告诫全党同志要保持一个清晰地头脑，反革命工作是一项长期艰苦的工作，不能松懈，要把一切反革命分子特别是在党政军中的反革命分子清查出来，保证社会主义建设的顺利进行。

第四节　正确处理是非关系

革命与反革命的关系，是敌我矛盾的问题。毛泽东在《论十大关系》中所阐述的是非关系不是敌我矛盾问题，而是人民内部矛盾的问题。

在三大改造即将完成的 1956 年春，我党就开始对初步建成的社会主义社会的发展规律进行探索。毛泽东的《论十大关系》就此诞生。10 个月后，围绕同样的主题，毛泽东在《关于正确处理人民内部矛盾的问题》中继续加以发挥，同时明确提出社会主义社会必须正确处理大量存在的"人民内部矛盾"的历史课题。在这一段时间里，毛泽东和中央主要领导同志许多重要讲话、中央重要会议的文件，以及代表党中央观点的重要文章都围绕同样的主题有所阐述。虽然论述的侧重点和结论不甚一致，乃至有重大差别，但因为都是探索怎样正确处理人民内部矛盾以推动社会主义的健康发展，都强调同样的世界观和方法论，都肯定把民主作为解决人民内部矛盾的根本原则，因此可以说，毛泽东和党中央关于正确处理人民内部矛盾理论体系形成于这一年的时间里。这是最初的探索，迄今已经50年了。

就正确处理是非关系问题，毛泽东提出了"惩前毖后，治病救人"的方针。其主要内容是：首先，要分清是非，对于人民内部的种种错误思想，不良倾向，党内的原则争论，一定要搞清楚，不准含糊；对于犯了错误的同志，要进行必要的批评、帮助，甚至必要的斗争。其次，这种批评和斗争应从团结的愿望出发，按照"团结—批评—团结"的公式去处理问题，不能搞搞"残酷斗争，无情打击"。总之，在处理人民内部矛盾时，既要讲团结，又要讲斗争。二者缺一不可。

我党关于正确处理人民内部矛盾的理论体系，在社会主义思想史上是首创的。人民内部矛盾是一个历史的范畴。在马、恩的著作中，社会主义社会中没有人民内部矛盾的概念。人民内部矛盾是相对于敌我矛盾而言的。马、恩认为，生产关系同生产力的矛盾、上层建筑同经济基础的矛盾存在于人类社会发展的全过程。在阶级社会里，两大矛盾通过阶级矛盾表现出来，此时有敌我矛盾也有人民内部矛盾的存在。在已经消灭了私有财产制度和阶级差别的社会主义社会里，不可能存在敌我矛盾，因此也无所谓人民内部矛盾了。列宁是第一位面对社会主义社会人民内部矛盾的领袖，他缔造的苏维埃社会主义共和国还不是经典意义上的社会主义，这里还存在敌我矛盾，因此也存在人民内部矛盾问题。1918 年春，列宁在《论"左派"幼稚性和小资产阶级性》中曾对当时俄国的社会主要矛盾作了细致而精辟的研究。"喀拉施塔得"的炮声，更使列宁原来的思考有了进一步的发展。列宁在《论粮食税》中提出了"带有小农在居民中占优势所造成的特点的社会主义"的新概念，112 从而把现实社会主义同经典意义上的社会主义也即共产主义区分开来。这里敌对阶级的残余力量还存在，资产阶级还合法存在，劳动人民中还区分为阶级或阶层，因而有不同的利益追求，国际帝国主义势力也在利用俄国的矛盾冲突施加各种影响，乃至直接付诸武力。这时社会的两大基本矛盾，就必然通过敌我矛盾和人民内部矛盾表现出来。列宁在新经济政策时期的著作和政策策略，就是正确处理人民内部矛盾的理论宝库。但是，列宁并未明确提出人民内部矛盾的概念和在理论上进行系统阐述，而且他的光辉思想在斯大林"一国建成社会主义"中受到了严重的损害。在"一国建成社会主义"的俄国，斯大林认为，"这里的生产资料的公有制同生产过程的社会性完全适合，因此在苏联没有经济危机，也没有生产力破坏的情形"。"苏联劳动者之间的阶级界限已在愈益泯灭"，"苏联已经进入新的发展时期，已在完成社会主义社会建设和逐渐过渡到共产主义社会，过渡到应以各尽所能，各取所需的共产主义原则为社会生活准则的社会"。斯大林的"无冲突论"给苏联的社会主义事业带来了严重损害。因此，毛泽东提出正确处理人民内部矛盾的理论，就具有首创的意义。

　　正确处理人民内部矛盾理论的重大意义，还因为理论针对的是社会主义东方道路在很长的历史阶段中的主题。笔者一直把列宁经过十月革命开拓的通向社会主义的道路称之为东方道路。它是帝国主义在世界开始形成体系时各种矛盾尖锐爆发的特殊条件下，东方相对落后国家的无产阶级，通过新型的民主革命赢得政权而组织向社会主义过渡的道路。它不同于欧美国家也必然要通向社会主义的道路。这里的无产阶级担负起西方历史上由资产阶级担负的领导民主革命的任务。这个过程同西方已经经历过的一样，依然是一个漫长的历史过程。西方在这个过程中的两大基本矛盾以及因此引起的诸多矛盾在这里依然存在。"绕过卡夫丁峡谷"的过程并不都是可以任意驱驰的一马平川。所不同的是，资产阶级虽然也曾作为先进社会生产方式的代表，但它不可能自觉地顺应历史发展的必然规律，总是把本阶级的利益凌驾于整个社会之上，对内压迫、对外侵略，贪婪地掠夺自然界，因此在整个历史过程中不能不充满着血与泪的敌我矛盾。这在发展的前期表现得尤为突出。而赢得政权的无产阶级却可能把广大人民长远的、根本的利益放在首位。在科学社会主义理论的指引下，顺应历史规律，把过程中一切矛盾通过合理的手段给予处理。除了对付帝国主义的侵略和剥削阶级的反叛，一般都能通过和平的、内部的、民主的方式予以解决。现实社会主义不一定是比西方资本主义发达国家更为富强、更为文明、更为民主，但它是通向富强、文明、民主，通向社会主义的时间更短，更少痛苦的和平发展道路。因此，正确处理人民内部矛盾始终是它的主题，是东方道路的优越性显示出来的关键所在。

毋庸讳言，在正确处理人民内部矛盾理论体系初步形成之后，我国走过了 20 年十分曲折的道路，但这否定不了社会主义东方道

路的优越性，也否定不了关于正确处理人民内部矛盾理论探索中
的成就及其对科学社会主义理论宝库的贡献。

第五节　如何向国外学习

1956 年春发表的《论十大关系》，是毛泽东探索中国式社会主义道路的开山之作。在这篇著名的讲话中，毛泽东提出了许多重要思想。其中一个具有深远意义的思想，就是正确处理中国与外国的关系，调动和利用国外的一切积极因素，为中国的社会主义建设服务。50 多年后的今天，重温毛泽东的这一对外战略思想，仍然具有很强的理论启示和实践意义。

（一）为什么要提出向国外学习

新中国成立以后，中国共产党领导全国人民仅用三年时间就恢复了国民经济。接着，党提出"过渡时期总路线"，实行社会主义改造运动和社会主义工业化建设并举。但是，从 1955 年夏开始，毛泽东推动社会主义改造加速进行，在全国出现"高潮"，并于 1956 年基本完成。毛泽东认为，社会主义改造的加速推进，为社会主义工业化创造了极为有利的条件，使中国进入伟大的历史转折时期。它意味着中国从此将进入社会主义社会，国家的根本任务将由人与人之间的阶级斗争转向解决人与自然的矛盾。1956 年秋召开的中共八大规定，社会主义改造基本完成后，国内的主要

矛盾"已经是人民对于建立先进的工业国的要求同落后的农业国的现实之间的矛盾，已经是人民对于经济文化迅速发展的需要同当前经济文化不能满足人民需要的状况之间的矛盾"。因此，党和国家的主要任务"已经由解放生产力变为保护和发展生产力"。这些论断表明，党的工作重点要从阶级斗争转移到社会主义建设上来。中国是一个农业大国，毛泽东等中共中央领导人探索适合中国情况的社会主义建设道路，是从农业领域开始的。从1955年10月到1956年1月，毛泽东研究中国农业的发展问题，为《中国农村的社会主义高潮》写了一批按语，主持制定了《全国农业发展纲要四十条》。从1956年2月14日至4月24日，他听取国务院34个部门的工作汇报及国家计委关于第二个五年计划的汇报，围绕中国工业化问题作出周密的调查研究。在此基础上，毛泽东提炼出有关社会主义建设和社会主义改造的十大关系，认为这十大关系都是围绕一个基本方针，就是"要调动一切直接的和间接的力量，为把我国建设成为一个强大的社会主义国家而奋斗"。其中，正确处理中国与外国的关系，就是要充分调动国际上一切直接和间接的力量，为完成我国新的战略任务服务。

新中国成立以后，实行了"另起炉灶""打扫干净屋子再请客"和"一边倒"等外交政策。前两个政策旨在同软弱和屈辱的旧中国决裂，彻底清除帝国主义在中国的残余势力，以独立自主的崭新姿态加入世界民族之林；后一个政策展示了新中国处理与世界各国关系的战略布局。由于坚决地实行"一边倒"战略，新中国与苏联和东欧地区的社会主义国家迅速发展各方面关系，恢复国民经济和实施第一个五年计划得到了这些国家的大力援助。1955年，中国以亚非会议为契机，开始同亚非拉民族主义国家发展国家关系。但是，新中国与美国为首的西方资本主义世界、包括许多发达资本主义国家却处于敌对状态。这种状况显然不符合"调动国外一切积极因素"的战略要求，不利于中国进行社会主义建设。此时，中国共产党调整国家对外战略，还有国际共产主义运动内部的深刻背景。1956 年 2 月 14—25 日，苏联共产党召开第二十次全国代表大会。这是苏共在斯大林逝世后第一次召开全国代表大会。大会期间，赫鲁晓夫作了《关于个人崇拜及其后果》的秘密报告。之后不久，引起国际社会的轩然大波。同年 6 月和 10 月，波兰和匈牙利相继发生严重的政治事件。面对社会主义阵营出现的重大事件，中共中央领导人认真反思中国与外国关系的历史和现状，提出了正确处理中国与外国关系的指导原则。

（二）重新看待"向苏联学习"

建国前夕，中国共产党就提出了向苏联学习的方针。1949 年 6 月底，毛泽东发表《论人民民主专政》一文，回顾 19 世纪 40 年代至 20 世纪初中国人学习外国的情形，认为中国人向西方国家学得很不少，但是行不通。特别是帝国主义的侵略打破了中国人学西方的迷梦。"就是这样，西方资产阶级的文明，资产阶级的民主主义，资产阶级共和国的方案，在中国人民的心目中，一齐破了产"。十月革命的炮声给中国送来了马克思列宁主义，中国共产党领导人民走俄国人的路，取得了革命胜利，夺取了全国政权。毛泽东说，这不过是万里长征走完了第一步，严重的经济建设任务摆在我们面前。我们不熟悉的东西正在强迫我们去做。向谁学习呢？"苏联共产党就是我们最好的先生，我们必须向他们学习"。

　　1949 年 6 月下旬至 8 月中旬，刘少奇率中共中央代表团秘密访问苏联，旨在争取苏联及国际社会对即将成立的新中国在政治上、经济上和道义上给予支持和帮助，同时充分利用这次访问的机会开始认真地向苏联学习。7 月 4 日，刘少奇在莫斯科致信斯大林，提出革命胜利后，中国共产党要管理一个大国，进行经济建设与外交活动。"我们需要学习很多东西，迫切需要苏共的指示与帮助。这是十分重要的"。7 月 6 日，刘少奇又致信苏共中央和斯大林，主要谈向苏联学习党和国家的建设经验，提出学习的方式是请苏联各方面工作的负责人与中共代表团谈话，以及参观苏联的若干工厂、农庄和学校。中国共产党的领导人认为，过去中国革命"以俄为师"，今后中国建设同样必须"以俄为师"。因为，苏联的政治制度、军事制度是世界上最进步的，其科学和技术也已经赶上和超过了世界上最先进的国家。我们只有从苏联那里才能学到世界其他国家所没有的完全新的科学知识。"吸收苏联新的文化作为我们建设新中国的指针，是中国人民目前的迫切任务"。

　　建国初年，党采取一系列措施推动向苏联及东欧社会主义国家学习。一是大力提倡学习俄文，开办了许多俄文学校和俄语培训班，二是向苏联东欧国家大量派遣留学生和实习生，三是把学习苏联东欧社会主义国家的经验作为我国驻这些国家大使馆的中心工作；四是通过图书、广播、电影、展览等形式，广泛宣传苏联东欧社会主义国家的情况和经验。国民经济恢复以后，中国开始进行大规模的经济建设。在这种情况下，中国共产党更加强调向苏联学习的重要性。1953 年 2 月，毛泽东在全国政协一届四次会议上发出学习苏联的号召，《人民日报》发表《掀起学习苏联的高潮，建设我们的国家》的社论。于是，全国普遍开展了学习苏联的运动。

　　建国初期，在全国范围内大规模开展向苏联学习的运动，存在着两个片面性：一是强调苏联优点，不提苏联缺点；二是强调向苏联及东欧社会主义国家学习，忽视向其他国家特别是西方资本主义国家学习。虽然中国共产党在社会主义改造方面没有照抄苏联的经验，走出了适合中国情况的道路，但在经济建设方面没有经验，党的工作还要解决民主革命的遗留问题，因此搞第一个五年计划，不能不照抄苏联的办法，总觉得不满意，心情不舒畅。这种情况，直到1956年才发生了明显变化。

　　1956年春，当毛泽东围绕中国工业化问题进行调查研究的时候，就根据发现的问题，开始考虑如何正确看待苏联社会主义建设的经验，如何正确处理中国与苏联的关系。2月15日，他在听取汇报时指出，苏联有些东西就不能学，比如内政部可以不受党的领导的做法就不能学。2月16日，他在谈到学习苏联时认为，要分两类。一类按中国的，一类规规矩矩、老老实实地学。如土改，我们不学，不照它的。对待资本家的政策，我们也不学它。但在技术方面，比较好的，或者我们根本不知道的，就先学过来再说。苏共二十大批评斯大林的错误，暴露了苏联建设社会主义的问题。这对正在思考中国如何建设社会主义的毛泽东起到了积极的作用。2月25日，他在听取汇报时提出，要打破对苏联的迷信，可以超过苏联。周恩来也说：开始几年学他们是必要的。经过这两三年，我们也有经验了，就应该总结总结。

　　同年4月25日，毛泽东在中共中央政治局扩大会议上发表题为《论十大关系》的讲话，运用马克思主义的思想方法论，对建国以来在学习苏联的过程中存在的片面性，作出全面而深刻的反思。

第一，毛泽东提出，要克服认识上的片面性，不要迷信苏联及东欧社会主义国家的一切都是好的。每个民族都有它的长处，同时也都有它的短处。"有人以为社会主义就了不起，一点缺点也没有了。哪有这个事？应当承认，总是有优点和缺点这两点"。"一万年都有两点"。因此，在向外国学习的过程中，要采取辩证分析的态度，只学习外国的优点，而不学它们的缺点。

第二，毛泽东提出，既然每个国家都有它的长处，那么，"我们的方针是，一切民族、一切国家的长处都要学，政治、经济、科学、技术、文学、艺术的一切真正好的东西都要学"。这样就突破了多年来只强调学习苏联东欧社会主义国家的局限性，把向外国学习的范围扩大到世界上的所有国家，包括学习西方资本主义国家能够为我所用的优点和长处。

第三，毛泽东提出，在向外国学习的时候，要反对教条主义，把普遍原理与中国实际相结合。特别是在社会科学、马克思列宁主义方面，我们一定要继续努力学习。但是，"我们要学的是属于普遍真理的东西，并且学习一定要与中国实际相结合"。如果每句话，包括马克思的话，都要照搬，那就不得了，就会产生教条主义。中国共产党人一定要善于把从外国学来的科学原理与中国的具体实际紧密结合起来，把学习和独创结合起来，走自己的路，开创适合中国国情的社会主义建设道路。

毛泽东阐述的这些观点充满了唯物辩证法，是正确处理中国与外国关系的思想指南。这些观点的精髓是对外开放与独立自主的辩证统一，即中国要虚心学习一切国家的长处，充分利用能够对中国社会主义建设发挥作用的一切国际积极因素，同时必须以我为主，把学来的外国东西与中国的具体实践相结合，走出有中国特色的社会主义道路。

《论十大关系》"以苏为鉴"，解放了中国共产党人的思想，激发了他们勇于探索中国式社会主义道路的实践热情。毛泽东充满信心地说，经过苏共二十大的尖锐批判及中国共产党的认真反思之后，"过去被某些错误政策所严重地压抑了的一切积极因素，必将普遍地活跃起来"。

既然苏联模式对我国的发展产生了严重的制约，那么到底什么是苏联模式？苏联模式是苏联社会主义体制的模式的简称。苏联社会主义体制，从十月革命胜利开始初创，到30年代基本建成。按照1936年苏联宪法的规定，苏联是工农社会主义国家，全部政权属于体现为劳动者代表苏维埃的城乡劳动者，政治基础是劳动者代表苏维埃，经济基础是社会主义经济体系和生产资料的社会主义公有制，实行"各尽所能，按劳分配"的社会主义原则。在这种基本的社会主义制度上，苏联形成了自己的经济、政治、思想文化、教育、科技等体制。

苏联体制的基础和性质是社会主义的，它的建成有着巨大的历史功绩。这主要表现在：（1）这种体制，作为社会主义的框架即组织形式，与社会主义的根本社会制度，如无产阶级专政、社会主义民主、生产资料公有制、按劳分配、意识形态以马列主义为指导等等，有着不可分割的联系。它的形成，既是无产阶级的一个创造，也是社会主义制度及体制的一个质的进步；（2）这种体制保证了苏联在30年代高速度地发展重工业，在短时期内实现了社会主义工业化和农业集体化，奠定了社会主义的物质基础；（3）这一体制保证了苏联反对希特勒德国的卫国战争的胜利。（4）这一体制为其他国家的社会主义建设树立了榜样，提供了宝贵经验。但是，由于苏联是第一个社会主义国家，苏联党和人民所从事的是开创性事业，在他们面前，既没有一条成功的社会主义道路，更没有一个现成的模式，一切都靠自己去实践、开拓和创造。再加之当时苏联所处的特定历史条件和所处的国际国内环境，以及人们对社会规律认识、运用的复杂性，所以，在这种探索道路上形成的体制，远不是一个成熟、完善和理想的模式。在这种体制内部，存在着严重的缺陷和弊端。其主要表现是：（1）在政治体制上，党政不分、以党代政，权力高度集中；领导干部的家长制、自上而下的委派制与终身制；民主制度不健全，法制不完备，以人治代法治；国家行政机构庞大臃肿，官僚主义盛行；缺乏有效的党内监督和人民监督体制。（2）在经济体制上，所有制形式过于整齐划一，公有制形式只有国家所有制和集体所有制两种，否认和取消其它所有制形式的存在；部门管理体制过于集中，从生产、流通到分配所有经济环节，都由国家各级管理机构统一掌握，实行统包统配，统收统交；片面强调指令性计划经济，排斥市场机制；以行政手段为主管理经济，政治斗争时常干扰经济生活；经济片面发展，国民经济比例长期失调；（3）在思想文化体制上，对政治、哲学、历史、经济、法律、文学、宗教思想以及与之相适应的社会意识形式，用简单的行政方法实行高度严格的控制，用行政手段干预学术问题等等。

由于苏联体制的模式存在着上述弊端，因而在起积极作用的同时，也对苏联本国和其他社会主义国家产生了消极影响。特别是斯大林和苏共其他领导人没有采取有效措施进行改革，甚至把它当作社会主义的神圣不可侵犯的固定模式加以固守。结果，在国内随着阶级斗争扩大化和党内民主、人民民主遭到破坏，这些弊端进一步扩大，也更加积重难返，严重地阻碍了社会主义优越性的发挥，降低了社会主义的威信，减弱了社会主义的吸引力。在国际上，苏共把苏联的全部经验当作社会主义建设的普遍规律，把苏联的经济、政治体制当作社会主义的标准模式，要求别的社会主义国家照搬照抄，并把一切与苏联不同的意见和体制都当作异端；这样，使各个社会主义国家，不仅学到了长处，也机械地搬用了短处，使苏联体制的弊端从一国扩大到了社会主义各国，从而使这些国家都相继产生了与苏联类似的难题和困难，给这些国家的社会主义建设带来了严重的结果，有的甚至出现了剧烈的社会动乱。苏联体制模式的这一影响，是极为广泛和深远的。

斯大林模式是苏联模式的一个继承和发展，我们要实事求是地评价"斯大林模式"和苏联模式。现在，人们一谈起"斯大林模式"，大多数是持否定的和谴责的态度，甚至是嗤之以鼻、不屑一顾的态度。在社会科学研究中，仿佛有这样一种公式：一个观点、一件事情，只要同斯大林这个名字联系在一起，不言而喻就是错误的，无需加以论证。"斯大林"已成为贬义形容词，一旦扣上这个形容词，理所当然就应该否定。其实，这种思维定式是反共反社会主义的敌对势力制造和渲染出来的，经过40年的不断的宣传，似乎就变成"真理"了。这也应该算作是一种迷信。谈到苏联问题，思想也应该从这种迷信中解放出来，还历史以真面目。关于斯大林本人的功过是非，毛泽东同志在40年前针对赫鲁晓夫的全盘否定斯大林以及由此掀起的批判"斯大林主义"的恶浪，明确指出，对斯大林应该三七开，"三分错误，七分成绩"，而且强调"斯大林讲得对的那些方面，我们一定要继续努力学习"。尽管现在对斯大林的评价众说纷纭，贬之者居多，彻底否定者也不乏其人，但我们认为，毛泽东同志的评价才是科学的、符合实际的，经得起历史的检验。

在评价"斯大林模式"之前，我们先要弄清楚这一概念的内容。作为一种社会制度，从国际国内学者使用"斯大林模式"这一概念时赋予的内涵来看，它包括两个层次的内容：一是反映社会主义本质特征的社会主义基本制度，这是第一位的、决定性的；一是这些本质特征的具体实现形式，即具体的政治体制、经济体制、运行机制，这是第二位的、从属的。我们分别从这两个层次的内容来评价"斯大林模式"。

对于"斯大林模式"中有关社会主义基本制度的内容，必须充分肯定。苏联70年社会主义实践表明，他们坚持共产党的执政地位，建立了以工人阶级为领导、以工农联盟为基础的苏维埃政权，对无产阶级和其他劳动人民实行广泛的民主，而对资产阶级和一切敌对势力实行专政，并依靠无产阶级专政来保卫社会主义制度；他们建立全民所有制和集体所有制这两种形式的生产资料社会主义公有制，使之在国民经济中占统治地位，并在此基础上实行按劳分配原则，从而为消灭剥削、消除两极分化、逐步实现共同富裕奠定了基础；在意识形态领域，他们坚持无产阶级世界观——马克思列宁主义的指导地位。如果用我们常用的话来说，也就是他们坚持了四项基本原则。所有这些，都是社会主义本质特征的体现，符合生产力的社会性质的客观要求，反映了历史发展的必然趋势，因而决不能否定。正如邓小平同志指出的："如果动摇了这四项基本原则中的任何一项，那就动摇了整个社会主义事业。"《再论》一再强调，"苏联的经济制度基本上适合于生产力的发展的，苏联的政治制度也是基本上适合于经济基础的需要的。斯大林的错误并不是由社会主义制度而来；为了纠正这些错误，当然不需要去'纠正'社会主义制度"。其实质也是讲社会主义基本制度是不容否定和动摇的。

对于"斯大林模式"中有关具体的政治经济体制、运行机制的内容，情况要复杂得多，需要作具体分析。其中有的是正确的，有的则是错误的；有的在苏联的具体国情下是正确的，搬到国情不同的别的国家去则是错误的。正如毛泽东同志指出的："中国和苏联两个国家都叫社会主义，有不同没有？是有的。苏联和中国的民族不同……所作的事，那有很多不同。"不能"凡是苏联的东西都说是好的，硬搬苏联的一切东西。"更何况苏联自己犯过不少错误。毛泽东同志严厉批评了建国初期一度出现的照搬苏联的教条主义倾向，努力从本国国情出发，探索建立自己的社会主义的政治经济体制、运行机制。《论十大关系》就是这种探索的结晶。应该说，建设有中国特色的社会主义的探讨是以此为开端的。

需要补充一点。更多的情况是，苏联的具体的体制和机制在一定历史条件下是正确的，但随着客观条件的变化则必须改革。我们举经济体制为例。大家知道，苏联从 20 年代末以来一直实行的是高度集中的计划经济体制，即国家用行政办法自上而下地靠指令性计划来管理经济的体制，这种体制往往被人们当作"斯大林模式"的代表，备受批判和指责。但是客观地说，这种体制在 20 年代末以至 50 年代初是完全必要的，有它的历史的由来，而且曾经起过历史的积极作用。把这种体制放到当时历史条件下去具体分析，我们不得不承认那时它基本上是正确的。说它是"主观选择的失误"是毫无根据的。然而随着经济规模的扩大和经济联系的复杂化，尤其是在新的科技革命形势下，面对着经济增长方式从粗放经营转向集约经营，这种体制已逐渐不适应，甚至束缚生产力的发展了。苏联社会主义实践的一大失误就是在经济体制已经束缚生产力发展的时候，没有及时进行改革，或者至多只是在原有体制的框架内采取一些修修补补的措施，因而导致经济发展停滞，引起人民的不满。苏联的教训表明，在经济体制已不适应生产力发展的要求的情况下，不进行改革是没有出路的。

既然"斯大林模式"中有关社会主义基本制度的内容是正确的，有关政治经济体制、运行机制的内容有对有错，而基本制度又是决定性的、第一位的，体制和机制只是基本制度的具体实现形式，是从属的、第二位的，那么，把这两个层次的内容综合起来评价，我们认为，对"斯大林模式"应该采取基本肯定、局部否定的态度。在改革过程中，我们着重分析问题、弊病的一面，这是可以理解的，但是在对整个模式进行评价时，我们必须全面地分析，分清主流流，不能以偏概全。显然，全盘否定、彻底抛弃"斯大林模式"的提法是不妥当的。《再论》曾经指出："如果一定要说什么'斯大林主义'的话，就只能说，首先，它是共产主义，是马克思列宁主义，这是主要的一面；其次，它包含有一些极为严重的、必须彻底纠正的、违反马克思列宁主义的错误"。把这种分析方法用到"斯大林模式"上来，我们也可以说，首先，它是社会主义的，它所包含的社会主义基本制度的内容必须充分肯定，这是主要的一面；其次，它的有关具体体制和机制的内容存在许多弊病，需要改革，不能照搬。

毛泽东《论十大关系》发表50多年了。在苏联东欧国家发生剧变、世界社会主义处于低潮的今天，面对国际国内敌对势力反对社会主义的种种思潮，尤其是面对泛滥一时的新修正主义——人道的民主社会主义思潮，我们重读这一文献以及后来他的一系列讲话中有关对苏联经验的分析，感到十分亲切，仿佛他是针对当前现实来讲的。这一文献以及随后的讲话，为我们正确总结苏联东欧演变的惨痛教训提供了锐利的武器。时间越久，毛泽东思想的真理光芒越是明亮。历史已经证明，这一文献是国际共产主义运动中宝贵的精神财富。

（三）重新看待"向资本主义国家学习"

事实上，中国共产党在新中国成立前一直主张正确处理与西方资本主义国家之间的关系，并且很重视向西方资本主义国家学习。中国共产党老一代革命家早年多数有在西方国家留学的经历。在五四运动前后，周恩来、邓小平、陈毅、蔡和森、李富春等人都曾前往西方国家勤工俭学。毛泽东虽然没有加入到赴国外留学的队伍，但他对出国留学寻求救国救民真理的做法十分赞同，并且积极组织优秀青年出国留学。1918 年，他在送别湖南第一批留法勤工俭学学生时说，我们要有人到国外去，看些新东西，学些新道理，研究些有用的学问，拿回来，改造我们的国家。当时，虽然毛泽东自己不打算出国，但他明确表示："我不是绝对反对留学的人，而且是一个主张大留学政策的人。"通过向西方国家及十月革命后的苏俄学习，中国人找到了马克思主义这个救国救民的真理。

在抗日战争时期，毛泽东、刘少奇等中共领导人阐述了向西方资本主义国家学习的必要性。1941 年，刘少奇作题为《民主精神与官僚主义》的报告，专门讲了学习西方国家的民主精神问题。他说，中国比欧美国家经过民主革命及几十年民主训练的人民是不同的。美国的大总统华盛顿、林肯退职时，就退为平民，很讲民主。而中国是不民主的国家，人民一般没有经过民主的训练，不懂得民主。中国共产党内有些同志到地方去工作，不懂得民主，结果弄成官僚。所以，介绍一些外国的民主精神，在中国很必要，甚至在我们党内也必要。1944—1946年，中国共产党与美国就国共关系及和平建国等问题进行谈判。毛泽东、周恩来等提出，中国不仅要学习西方的技术，而且要学习美国和其他西方国家的民主精神和科学文化，要学习林肯的民有、民治、民享。因为，中国此时还不是资本主义，更不是社会主义，仍旧是半封建主义，并且打算建设新民主主义社会。毛泽东认为，新民主主义是一种"新资本主义"，当然需要向西方发达资本主义国家学习。毛泽东等中共领导人还主张大力发展与西方国家的经济贸易关系，欢迎外国对华投资，包括美国的对华投资。

新中国成立初期，人民政权面临严峻的以社会制度和意识形态尖锐对立为特征的国际冷战形势，加之1950年10月至1953年夏同美、英等国在朝鲜热战对抗，并且受到美国为首的西方国家最严厉的"封锁、禁运"，使得中国不具备学习西方国家的客观条件。同时，新中国主动实行向苏联等社会主义国家"一边倒"的外交战略，并且于1952年放弃建设"新民主主义社会"的设想，转而急速向社会主义过渡。这又使得中国在很大程度上失去了学习西方国家的主观愿望。

朝鲜战争结束后，特别是在1954年日内瓦会议以后，中国与西欧一些主要资本主义国家的关系有所缓和。中国共产党在继续实行"一边倒"外交战略的同时，又完整地提出了"和平共处五项原则"，表示要大力改善与西方资本主义世界的关系。1954 年 8 月下旬，毛泽东会见英国工党访华代表团时指出，不同的社会制度是可以和平共处的，中国也可以同英国合作。因为有两个基本条件完全可以促成中英合作："一、都要和平，不愿打仗；二、各人搞自己的建设，因此也要做生意。"

1956 年春，从毛泽东发表《论十大关系》开始，中共中央领导人在一段时期内又提倡在某些方面向西方资本主义国家学习。毛泽东在《论十大关系》中提出，我们要坚决抵制和批判外国资产阶级的腐败制度和思想作风，但"这并不妨碍我们去学习资本主义国家的先进的科学技术和企业管理方法中合乎科学的方面"。西方工业发达国家的企业，用人少，效率高，会做生意，"这些都应当有原则地好好学过来，以利于改进我们的工作"。周恩来建议派人到资本主义国家去学技术，主张把各国经验都学过来，要有这个气魄。毛泽东赞成周恩来的主张，强调指出："我不是反对西方的一切，而只是反对那些帝国主义压迫人、欺侮人的东西。它们的文化科学我们要学习。"我们可以派留学生，进口它们的设备等。毛泽东鼓励人们学习和掌握英文、法文、德文和日文等外国语言，以便广泛学习资本主义各国的长处，为中国社会主义建设服务。他本人在晚年还坚持不懈地学习英语，读英文版的《共产党宣言》。

毛泽东、刘少奇、周恩来等人还认为，在政治体制领域也可以向西方国家学习。比如，在如何扩大民主、改革党和国家的领导制度方面，他们就提出了一些很好的思想。周恩来认为，我国目前虽然不能普遍实行直接的、秘密的选举，但是可以改进人民代表大会制度，学习西方资产阶级民主的某些形式。他说："西方议会的某些形式和方法还是可以学的，这能够使我们从不同方面来发现问题。"刘少奇考虑了不搞领导职务的终身制问题。他在中共八届二中全会上说："华盛顿做过总统，他也是劳苦功高吧，比我们在座的同志怎么样？他当了八年总统，又退为平民。这样的办法，我们是不是可以参考一下，也可以退为平民？"1957年4月，毛泽东曾经说过：瑞士有七人委员会，总统是轮流当的。我们几年轮一次总可以，逐步采取脱身政策。

向苏联及西方国家等一切外国学习，实际上是倡导全方位的对外开放，大力开展中外经济文化交流。1956年8月，在《同音乐工作者的谈话》中，毛泽东进一步从理论上阐述了各国文化交流的必然性及对外来文化包括西方文化的基本态度，号召"把外国的好东西都学到"，要用这些好东西"来改进和发扬中国的东西，创造中国独特的新东西"。周恩来在一次谈话中指出，建国以来，我国虽然不断扩大对外交往，但开放得很不够。1955年，我国接待了来自60多个国家的4 000多名外宾，比起我们的祖先来差得很远。他说，在1 300多年以前，中国唐朝的首都长安就居住着十几万外国人。历史上，我们的文化水平高，近300年来，西方的文化水平高。我们要承认，要向西方学习。

最后，我们看一下在当时的条件下向国外学习所具有的困境。虚心学习一切国家的长处，同世界各国和平共处、互利交流，才能最大限度地调动国外的一切积极因素，更好地为中国的社会主义建设服务。遗憾的是，《论十大关系》倡导的这一战略思想，没有在实践中得到很好的贯彻。这既有客观原因，也有主观原因，而后者的作用更大。

从客观方面讲，20 世纪 70 年代以前，美国持续对中国实行政治上敌视、经济上"封锁和禁运"的政策；20 世纪 50 年代，一直帮助中国的苏联和东欧社会主义国家，却从 1960 年开始急剧淡化与中国的全面关系。相形之下，在 1954 年日内瓦会议之后，英国等国顶住美国的压力，率先采取松动措施，努力扩大对华贸易。中苏关系恶化后，西欧和日本积极填补苏联和东欧社会主义国家留下的对华贸易空白。进入 20 世纪 70 年代，由于中美关系的和解，西方国家又以空前主动的姿态发展与中国的政治、经济和文化关系。

从主观方面讲，正如邓小平所说："建国以后，人家封锁我们，在某种程度上我们也还是闭关自守"，并且"从 1957 年下半年开始，我们就犯了'左'的错误。总的来说，就是对外封闭，对内以阶级斗争为纲，忽视发展生产力，制定的政策超越了社会主义的初级阶段。"自"反右"运动开始以后，毛泽东实际上否定了党的八大关于主要矛盾和基本任务的结论，重新明确党和国家的工作以阶级斗争为纲。虽然在 1958 年，他用主要精力抓经济，但方法不正确，"大跃进"导致了大倒退。此后，他对发展生产力就不感兴趣了，转而集中精力抓阶级斗争，最终发动了持续 10 年的"文化大革命"。忽视发展生产力、以阶级斗争为纲，反映在处理与外国的关系问题上表现为突出意识形态。在 20 世纪 60 年代，毛泽东抛弃"一边倒"政策，把苏联视为"现代修正主义"，实行既反美帝又反"苏修"的"左"倾对外战略，而且片面强调自力更生，进一步搞自我封闭。恰恰在这一时期，世界科技革命悄然到来，以电子技术和空间技术为中心的现代科学技术广泛应用于经济和社会生活的各个方面，极大地提高了劳动生产率。在这场新科技革命的促进下，西方国家竞相实现产业结构的升级换代，中国周边的一些国家和地区也抓住有利时机加快发展，实现了经济腾飞。20 世纪 60 年代初期，中国与西方世界和周边国家及地区的差距还不算太大。在"文化大革命"的动乱年代，中国进一步拉大了与西方发达国家、甚至同周边一些国家和地区的差距。

就在毛泽东推行"左"倾政策之时，邓小平等党和国家领导人继续坚持八大制定的路线和《论十大关系》提出的战略。这就是，坚持社会主义以发展生产力为主要任务的决策和我国社会主义继续向外国学习、努力调动国际上一切积极因素的思想。20 世纪 60 年代上半期，在刘少奇、周恩来等人的主持下，鉴于中苏关系的全面恶化，我国把发展对外经济文化关系的重点逐渐转向西方资本主义国家。当时，毛泽东也支持这种做法，认为工业上可以从西方国家引进一些尖端技术，但指示"不要宣传"。从 1962 年开始，中国从日本、英国、法国、联邦德国等资本主义国家引进了石油、化工、冶金、矿山、电子和精密机械等成套设备。除此之外，党和国家的领导人还强调学习西方国家的先进管理经验，甚至提出利用西方国家资金的设想。1963 年 6 月，周恩来在全国经济工作座谈会上发表讲话，提出要学习英国的管理经验。同年 10 月，刘少奇提出：可以考虑向资本主义国家，向日本、英国、法国派一些留学生去学习。1964 年 3 月 21 日，周恩来说，发展中国家可以从外国引进工业设备，进口缺少的原料，引进技术，也可以引进资金。可见，在"文化大革命"之前，党和国家的一线领导人非常重视调动国外特别是西方国家的积极因素。

20 世纪 70 年代初，中美关系的正常化极大地改善了中国的国际环境。周恩来等中央领导人及时抓住中国面临的难得机遇，推动我国先后从西德、英国、法国、日本等发达国家引进一批技术先进的成套设备和单机。邓小平于 1975 年主持中央和国务院工作期间，曾经主持《毛泽东选集》第五卷的整理工作。他将重新整理的《论十大关系》一文送毛泽东审阅，并在送审报告上写道："我们在读改时，一致觉得这篇东西太重要了，对当前和以后，都有很大的针对性和理论指导意义。"胡乔木在重新整理这篇文稿时，依据毛泽东的思路对学习外国一切好的东西等观点作出重要发挥，得到了毛泽东本人的认可。1975 年，邓小平明确提出这样的思想：我们立足于自力更生，同时，又要学习和吸收世界上一切先进技术。他大力倡导从发达国家引进先进技术和设备，扩大中国进出口贸易。

　　党的十一届三中全会以来，邓小平作为中国社会主义现代化建设的"总设计师"，极大地丰富和发展了毛泽东关于调动国外一切积极因素的战略思想，为中国设计了对外开放的基本国策。在社会主义与资本主义的关系问题上，他超越了毛泽东，摆脱了长期以来的"左"倾干扰，清除了学习外国、特别是学习西方国家的主要障碍。他坚持生产力标准，正确处理两者之间的关系，主张把西方国家中对中国发展生产力有好处的一切东西都"拿来"。他进一步反思过去照搬苏联模式给中国发展带来的消极影响。邓小平在 1992 年的"南方谈话"中总结说："社会主义要赢得与资本主义相比较的优势，就必须大胆吸收和借鉴人类社会创造的一切文明成果，吸收和借鉴当今世界各国包括资本主义发达国家的一切反映现代社会化生产规律的先进经营方式、管理方法。"因此，中国也可以搞市场经济，也可以实行资本主义的许多做法，包括证券、股市等都可以借鉴。他清醒地看到世界科技发展和经济全球化的大趋势，认为"现在的世界是开放的世界"。中国几百年的历史告诉我们，"关起门来搞建设是不行的，发展不起来"。所以，中国必须坚定地"对外实行开放政策"。他把对外开放与对内搞活统一起来，把改革开放当作实现中国现代化的主要动力。

邓小平创造性地实践毛泽东关于调动国外一切积极因素的战略思想。第一，他把外交和外事作为实施这一战略的重要手段。他本人身体力行，通过1975年对法国、1978—1979年对日本和美国等发达国家的访问，一方面进行深入细致的国际调查研究，另一方面向这些国家认真学习现代化建设的好经验。他推动从中央到地方、到企业事业单位全面发展对外交流。第二，他自告奋勇地抓科学和教育工作，迅速决策向西方发达国家大量派遣留学生。1978年6月，他提出"成千上万地派"留学生，让教育部认真研究这个问题，认为"在这方面多花些钱是值得的。这是五年内快见成效、提高我国科教水平的重要方法之一"。第三，他力主中国积极引进外资、建立经济特区等，采取一系列有力措施促进对外开放。所有这些，都充分地调动和利用了国外一切积极因素，为中国的经济腾飞与和平崛起提供了源源不断的动力。

第四章
《论十大关系》的历史地位和指导意义

第一节 《论十大关系》的历史地位

《论十大关系》讲话初步总结了我国社会主义建设的经验，提出了探索适合中国国情的社会主义建设道路的任务，是毛泽东关于社会主义建设问题的代表作，标志着毛泽东对中国社会主义建设道路的探索开始形成一个初步的然而又是比较系统的思路。

毛泽东自己曾多次评价过《论十大关系》，认为它"开始提出自己的建设路线"，"有我们自己的一套内容"，"开始找到自己的一条适合中国的路线"，"开始反映中国客观经济规律"。①

1975年7月10日，邓小平在给毛泽东的信中谈到这篇讲话时说："这篇东西太重要了，对当前和今后，都有很大的针对性和理

---

① 《关于建国以来党的若干历史问题的决议（注释本）》（修订本），人民出版社1985年版，第245—246页。

论指导意义。"①

《论十大关系》公开发表后，党中央给予高度评价。

1978 年党的十一届三中全会公报指出"毛泽东同志一九五六年总结我国经济建设经验的《论十大关系》报告中提出的基本方针，既是经济规律的客观反映，也是社会政治安定的重要保证，仍然保持着重要的指导意义"。

1979 年叶剑英在庆祝建国三十周年大会的讲话中，将《论十大关系》同《关于正确处理人民内部矛盾的问题》、"八大"的主要文献并作为我国社会主义革命和社会主义建设的指针，指出"《论十大关系》系统地总结了我国经济建设的经验，提出了一系列适合我国情况的建设社会主义的基本原则"。

1981 年党的十一届六中全会通过的《关于建国以来党的若干历史问题的决议》，对《论十大关系》做了高度评价，认为这篇文献"初步总结了我国社会主义建设的经验，提出了探索适合我国国情的社会主义建设道路的任务"。②

20 世纪 80 年代初，邓小平明确指出："《论十大关系》是好的"，"是我们今天要继续坚持和发展的。"③

薄一波在《若干重大决策与事件的回顾》中认为《论十大关系》是"探索带来的新风"，指出："毛主席率先探索，在党内和思想理论界也发生了良好的影响。1956 年到 1957 年头几个月，我们党内掀起了一股调查和探索的风气"，"这股新风的出现，同毛主席率先对十大关系进行探索、探索过程中又提出了'百花齐放，

---

① 薄一波：《若干重大决策与事件的回顾》（修订本）上卷，第 508 页。
② 《关于建国以来党的若干历史问题的决议注释本》，人民出版社 1983 年版，第 18 页。
③ 《邓小平文选》第 2 卷，人民出版社 1994 年版，第 295、297 页。

百家争鸣'的方针，是分不开的"。①

　　20 世纪 80 年代和 90 年代出版的《毛泽东著作选读》和《毛泽东文集》，在关于《论十大关系》的题解中指出："毛泽东在这篇讲话中，以苏联的经验为鉴戒，总结了我国的经验，提出了调动一切积极因素为社会主义事业服务的基本方针，对适合我国情况的社会主义建设道路进行了初步的探索。"

　　总的来说，《论十大关系》对我国的社会主义现代化建设具有深远的理论和实践意义，是以毛泽东为首的党中央探索适合中国国情的社会主义道路的最初尝试，奠定了当代中国改革开放和建设中国特色社会主义事业的最初理论和政策基础。

第二节　《论十大关系》的理论和现实意义

　　《论十大关系》具有重要的理论贡献，率先提出"以苏为鉴"，走自己的路，确立了探索中国社会主义建设道路的指导思想，创造性地提出了一条有别于苏联的工业化道路，指明了中国工业化道路的发展方向。初步提出了经济体制改革和协调区域经济的设想，明确提出向外国学习的口号，显露出改革开放的思想端倪。提出了如何建设社会主义民主政治的设想，并对如何正确处理社会主义社会两类不同性质的矛盾问题进行了初步探索，具有重要的理论和现实意义。

---

　　①　薄一波：《若干重大决策与事件的回顾》（修订本）上卷，第508页。

（一）《论十大关系》为中国特色哲学思想做了重要贡献

《论十大关系》是马列主义在中国实践中的发展，是毛泽东根据中国具体国情，概括总结出来的有中国特色的社会主义建设基本思想，对中国特色的哲学思想做了重要贡献。

1. 实事求是，一切从实际出发

实事求是是毛泽东思想的精髓，是中国共产党人的根本思想方法。"实事求是"一语，原出自班固所撰《汉书·河间献王刘德传》。刘德是汉景帝刘启的十四个儿子中的一个。封在河间（今河北河间县一带）为河间王，死后谥献，所以称"河间献王"。他一生酷爱藏书，曾从民间收集了很多先秦时期的旧书，并且整理得整整齐齐。他脚踏实地，刻苦钻研，使很多读书人深为赞叹，都愿意和他一起进行研究。刘德收藏古籍，有不少是出了高价收买来的，因为自从秦始皇焚书后，古文书籍比较少见。他不仅收藏古旧书，而且进行认真地研究整理。因此，东汉史学家班固在编撰《汉书》时，替刘德立了"传"，并在"传"的开头对刘德的好学精神作了高度评价，赞扬刘德"修学好古，实事求是"。意思是说，刘德爱好古代文化，对古代文化的研究十分认真，总是在掌握充分的事实根据以后，才从中求得正确可靠的结论来。

毛泽东在 1941 年《改造我们的学习》中对"实事求是"作了辩证的解释，他说："'实事'就是客观存在的一切事物，'是'就是客观事物的内部联系，即规律性，'求'就是我们去研究。我们要从国内外、省内外、县内外、区内外的实际情况出发，从其中引出其固有的而不是臆造的规律性，即找出周围事变的内在联系，作为我们行动的向导。"① 毛泽东对"实事求是"作出了全新的解释，并使其内涵得到升华。经过毛泽东的改造之后，"实事求是"思想上升为马克思主义哲学的基本范畴。经过延安整风和党的七大，实事求是正式确立为我党的思想路线。

　　毛泽东的《论十大关系》从酝酿准备到成型，充分体现了实事求是这个原则。首先，这一哲学思想在《论十大关系》的准备阶段得到了充分体现。毛泽东历来重视调查研究，把调查研究、了解社会看作是读"无字之书"。他认为没有调查就没有发言权。《论十大关系》是毛泽东在建国后乃至一生中所做的规模最大、时间最长，周密而系统的经济工作调查的基础上形成的。从1955年12月上旬起，毛泽东和其他一些领导人自下而上、自上而下，听取了34个部委和各省市自治区党委的汇报，并利用讨论等多种形式，了解情况，掌握材料，研究问题。同时，《论十大关系》的形成也吸收了其他国家领导人在调查研究基础上形成的观点、看法，比如当时负责起草八大政治报告的刘少奇对经济建设情况采用的大规模调研的方法，得到了毛泽东的肯定和赞同。其作为全党智慧的结晶，充分体现了解放思想、实事求是、求真务实的精神。正如毛泽东1958年2月18日在政治局扩大会议上所说的：我在北京经过一个半月，每天谈一个部，找了三四十个部的同志谈话，逐步形成了那个十条。如果没有那些人的谈话，那个十大关系怎么会形成呢？不可能形成。

　　其次，《论十大关系》中所提出的问题与解决方案是立足于中国国情、坚持一切从实际出发的光辉典范，突出了"走中国自己

---

① 《毛泽东选集》（第三卷），人民出版社1991年版，第801页。

的社会主义建设道路"这一主题。《论十大关系》最显著的思想方法和理论特征就是实事求是。坚持实事求是必须以走自己的路为重点。实事求是地分析国内存在的各种矛盾，是毛泽东坚持走自己的路，观察和分析社会主义建设问题的根本出发点。在《论十大关系》中，毛泽东坚持实事求是的观点和方法，对我国社会中关于社会主义建设和社会主义改造中出现的十个问题进行了辩证的分析，指出"这十大关系，都是矛盾"，这十大矛盾已经涉及到生产力和生产关系、经济基础和上层建筑之间的这一基本矛盾。毛泽东还提出了一系列的解决方案，从而达到了把国内外一切积极因素调动起来，为社会主义事业服务的目的。

再次，坚持实事求是必须以总结经验为鉴戒。建国初期，由于我们缺乏社会主义建设的经验，故采用了"苏联模式"。但在学习的过程中，毛泽东发现了"苏联模式"的很多弊端和不适于中国国情之处。他在正确分析国际国内形势的基础上，运用马克思主义的立场，强调对外国经验要进行科学地鉴别，批判地继承，他指出：一些缺点和错误，他们走过的弯路，你还想走？过去我们就是鉴于他们的经验教训，少走了一些弯路，现在当然更要引以为戒。在《论十大关系》中，包括了对中国的和外国的、成功的和失误的、历史的和现实的各方面经验的深刻总结和理性思考，毛泽东说，"十大关系的基本观点就是同苏联作比较。除了苏联办法之外是否可以找到别的办法，比苏联、东欧各国搞得更快更好"。他从中国实际出发，提出了有别于前苏联的具有自己特点的中国政治经济模式，主要是：在工业化道路上，强调农业、轻工业、重工业协调发展；在沿海工业和内地工业的关系上，要鼓励沿海工业的发展以促进内地工业的发展；在国家、生产单位和生产者个人的关系上，提出兼顾国家、集体、个人三者利益；在中央和地方上，反对中央集权过多，主张给地方和企业以适当的权力；在汉族和少数民族的关系上，反对大汉族主义，要诚心诚意地帮助少数民族搞好经济建设和文化建设；在中国和外国的关系上，提出向外国学习的口号等。

2. 坚持唯物辩证法的矛盾观点

毛泽东坚持了唯物辩证法的观点，认为矛盾是普遍存在的，社会主义社会和共产主义社会同其他任何社会一样，也存在矛盾，只是矛盾的性质、解决矛盾的方式和社会阶级不同；矛盾是事物发展的源泉和动力，而社会基本矛盾则是推动社会发展的动力，社会主义社会也是在生产力和生产关系的矛盾推动下得以发展；社会主义社会的基本矛盾仍然是生产力与生产关系，经济基础与上层建筑间的矛盾，但是由于它的非对抗性，可以通过自身的调整加以解决。当时中国还存在着敌我矛盾和人民内部矛盾两类不同性质的矛盾，必须根据矛盾的性质区别对待。要正确处理人民内部矛盾，从而团结全国各族人民把中国建设成富有朝气的社会主义强国。

《论十大关系》体现了毛泽东向来对矛盾的观点的深刻认识与把握。

一是体现了矛盾的普遍性与特殊性。正如毛泽东所指出的，世界是由矛盾组成的，没有矛盾就没有世界；但同时中国的矛盾又有自身的特殊性，因此必须将马克思主义的普遍原理与中国的具体实际相结合，避免教条主义，避免照搬苏联模式。《论十大关系》在把社会主义社会看作一个矛盾统一体的基础上，对正确处理中国社会发展中的一些重大关系作出深刻论述。"十大关系"，本质上就是"十大矛盾"。

二是体现了抓主要矛盾和矛盾的主要方面。对于如何解决这些矛盾，《论十大关系》指明了基本方向：一定要努力把党内党外、国内国外的一切积极的因素，直接的、间接的积极因素，全部调动起来，把中国建设成为一个强大的社会主义国家。毛泽东着重论述了在抓好重点工作的同时又抓好非重点，以非重点促重点的新的工作方法。例如，他关于农业与重工业、轻工业的关系，沿海与内地工业的关系的论述，就是用了这种方法。

这种用普遍性与特殊性的统一认识矛盾，用两点论与重点论的统一解决矛盾的思想，贯穿于中国特色社会主义理论体系和中国特色社会主义建设事业之中。邓小平提出改革开放战略、发展是硬道理，是为了解决矛盾；江泽民提出"三个代表"重要思想是为了解决矛盾；"以人为本"的科学发展观是为了解决矛盾；建设社会主义和谐社会更是为了解决矛盾。以社会主义和谐社会为例，《中共中央关于构建社会主义和谐社会若干重大问题的决定》指出：构建社会主义和谐社会是一个不断化解社会矛盾的持续过程。社会主义和谐社会不是没有矛盾的社会，而是不断出现矛盾和不断化解矛盾的社会，矛盾是社会主义和谐社会发展的动力。可见，毛泽东在《论十大关系》中强调的积极正视矛盾，努力化解矛盾的思想，不断被继承和发展，已经成为我们党对待构建社会主义和谐社会的矛盾问题的基本态度。

3. 用联系的观点看问题，坚持统筹兼顾

坚持统筹兼顾，是唯物辩证法的根本要求。马克思主义哲学认

为，物质世界是普遍联系的统一体。联系的普遍性、客观性和多样性，要求我们认识事物，解决问题，必须坚持系统的观点，从整体上把握事物运动的规律，注意整体的功能和效益。而统筹兼顾的思想，又包含着对于不同事物的特殊性，利益的差异性、相互的关联性的认识，其实质在于实现统筹全局，协调发展，促进社会的良性运行。坚持统筹兼顾，是社会主义建设的一条重要规律。毛泽东在《论十大关系》中阐述的十大关系（即十大矛盾）涉及经济、政治、思想文化等各个领域，针对不同的矛盾，处理方法也不相同，但毛泽东始终都坚持着统筹兼顾的方针，并将其作为处理社会主义建设问题的基本方针。

首先，统筹兼顾在经济上要求处理好各个方面的利益，包括国民经济的各个部门之间、城乡之间、中央与地方之间、国家与个人之间等。其次，统筹兼顾在政治上就是要实行民主，民主与集中相统一：在民族关系上，要巩固民族团结，帮助少数民族发展经济和文化建设；在党派关系上，要实行长期共存，相互监督的方针。而在新的历史时期，以胡锦涛总书记为核心的中央领导集体，继承和发展了统筹兼顾的思想，提出了科学发展观。全面协调可持续发展要求我们做到"五个统筹"，即统筹城乡发展、统筹区域发展、统筹经济社会发展、统筹人与自然和谐发展、统筹国内发展和对外开放，这是我们在发展道路上必须坚持的指导思想，是对毛泽东在《论十大关系》的统筹兼顾思想的发展。

4. 坚持科学的历史观

历史观又称"社会历史观"。人们对社会历史的根本观点、总的看法，是世界观的组成部分。世界观与历史观是相互影响、相互制约的。历史观的基本问题是社会存在与社会意识的关系问题，这是哲学基本问题在社会历史领域的延伸。由于对历史观基本问题的不同回答，形成了两种根本对立的历史观：唯物主义历史观和唯心主义历史观。唯物主义历史观是马克思主义哲学的有机组成部分，是唯一科学的历史观。唯物主义历史观认为社会存在决定社会意识，社会意识又能动地反作用于社会存在；指出社会历史是客观的合乎规律的辩证发展过程，社会基本矛盾是一切社会发展的动力，生产力是社会发展的最初源泉；在阶级社会，阶级斗争是社会发展的直接动力；人民群众是推动历史发展的主要力量。唯物主义历史观的创立打破了唯心主义在社会历史领域中一统天下的局面，是历史观的伟大变革。唯心主义历史观认为社会意识决定社会存在，否认物质生产对社会发展的决定作用，把个人的思想观念、理性或"绝对精神""神"说成是历史发展的动力，认为少数英雄人物是历史的创造者，是历史发展的决定性力量。唯物主义历史观认为：当生产力继续发展、私有制消灭以后，阶级就会像合乎规律地在历史上产生一样，也要合乎规律地消灭，国家也将伴随着阶级的消亡而逐步消亡。代表阶级利益的政党也不可避免的要消亡。无产阶级的任务，就是要消灭剥削制度和剥削阶级，消灭私有制，最终消灭阶级，实现向无产阶级社会的过渡，在全世界实现共产主义①。

而毛泽东在《论十大关系》中坚持了唯物史观，他指出："凡是在历史上发生的东西，都要在历史上消灭。"共产党和民主党派都是历史上发生的，因此，共产党总有一天要消灭，民主党派也总有一天要消灭。他说："共产党、无产阶级专政，哪一天不要

---

① 韩树英：《马克思主义哲学纲要》人民出版社 2004 年版，第 365 页。

了，我看实在好。我们的任务就是要促使它们消灭得早一点。"同时，他又指出："无产阶级政党和无产阶级专政，现在非有不可，而且非继续加强不可。否则，不能镇压反革命，不能抵抗帝国主义，不能建设社会主义，建设起来也不能巩固。""无产阶级专政不能没有很大的强制性。"①

(二)《论十大关系》为党的八大召开做了思想理论上的重要准备

中国共产党第八次全国代表大会是一次十分重要的大会，会上总结出了中国建设社会主义道路的一些初步经验，并由此得出了一些建设社会主义的理论思想和实践方法。历史证明了这些理论和方法对于党的事业的发展有长远的重要意义，而背离八大的思想则导致了许多不幸的历史事件。毛泽东等领导同志的调查研究和《论十大关系》的形成，为探索适合中国国情的社会主义建设道路提出了许多重要的思想原则，从思想上、理论上为八大的召开作了重要的准备。

在八大会议上，刘少奇作了《中国共产党中央委员会向第八次全国代表大会的政治报告》并为大会所通过。《论十大关系》正是这篇报告的指导文献。报告内容条理清晰，分为六个部分。第一部分对党在过渡时期的总路线进行阐述；第二部分说明了我国社会主义改造的情况和政策、步骤；第三部分总结了过去的经验，提出了社会主义建设在当前和今后的任务；第四部分阐述了国家的政治生活；第五部分阐述了国际关系；最后讲到了党的领导问题。其中，报告的第三部分中，概括总结了过去几年在工业、农

---

① 中共中央文献研究室：《毛泽东文集》人民出版社 1999 年版，第 35－36 页。

业、商业、文化教育的主要经验和存在的问题。工业方面，刘少奇强调了几个比较重要的问题，即重工业和轻工业的关系问题，工业的布局问题，产品和工程的质量问题，职工生活问题，企业领导问题。刘少奇还提出，社会主义的优越性，不但要表现在我们的经济成就的数量和进度上面，还必须表现在它的质量上面[①]。他指出了那时工业生产产品和工程质量存在的一些问题。商业方面，刘少奇提到了通货膨胀问题。刘少奇总结了那时发展的问题，现在的中国发展也依旧存在许多问题，需要不断地探索改进。《中国共产党第八次全国代表大会关于政治报告的决议》中提出在社会主义的社会制度在我国已经基本上建立起来的基础上，国内的主要矛盾，已经是人民对于建立先进的工业国的要求同落后的农业国的现实之间的矛盾，已经是人民对于经济文化迅速发展的需要同当前经济文化不能满足人民需要的状况之间的矛盾。在《决议》的第二节中提出了十个经济政策问题，几乎全部出于《论十大关系》的理论研究成果，在《决议》第四、五、六节的内容亦是如此。《论十大关系》在当时的重要性和指导意义可见一斑。

（三）《论十大关系》为中国特色社会主义建设道路的探索提供了理论先导

《论十大关系》这一重要指导思想，标志着中国共产党的社会主义发展道路从"走苏联所走过的道路"到"走自己的道路"的转变，也是进行新的探索的开端，是认识上的一个飞跃，对中国共产党探索社会主义的发展产生了深远的影响，也给改革开放

---

① 丁俊萍：《中共八大前后刘少奇发展生产力思想探析》，《毛泽东思想研究》2008 年第 6 期。

以来的后续发展的探索，埋下了伏笔。

毛泽东根据我国的实际情况，在《论十大关系》中对社会主义经济结构、管理体制、分配原则、对外关系等问题进行了深入研究，提出了不同于社会主义经济建设传统观点的新构想，对中国的社会主义建设道路进行了可贵的探索。

1. 关于经济结构

毛泽东从苏联片面发展重工业，牺牲农业和轻工业而引起的"市场上货物不够，货币不稳定"的教训中，深刻认识到农、轻、重协调发展的重要性，提出要"调整重工业和农、轻工业的投资比例，更多地发展农业和轻工业"，只有这样，才能保证工业所需要的粮食和原料，才能使我们的民生日用品比较丰富，才能使资金更多些，积累更多些，才能使重工业的发展基础更加稳固，他批评苏联用剥削农民的办法来积累重工业的资金，使农民的生产积极性受到极大的侵害，主张我国对农民采取"缩小剪刀差""等价交换或近于等价交换的政策"，以激发农民的积极性，促进农业的发展。同时，毛泽东还从重视民生日用品生产，保障人民生活需要出发，提出了正确处理沿海工业和内地工业、经济建设和国防建设关系的方针。他指出，必须更多地利用和发展，依靠沿海这个"老底子"来发展和支持内地工业。他主张，"把军政费用降到一个适当的比例，增加经济建设费用"，并指出："只有经济建设发展得更快了，国防建设才能够更大地进步。"

2. 关于经济管理体制

毛泽东提出了权力下放的主张。他反对像苏联那样，**把什么都**

集中到中央，把地方卡得死死的，一点机动的余地也没有的做法，提出要扩大一点地方权力，给地方更多的独立性，让地方办更多的事情。他说，各个生产单位都要有一个与统一性相联系的独立性，才会发展得更加活泼。他还强调指出："有中央和地方两个积极性，对我们建设强大的社会主义国家比较有利。"

3. 关于物质利益关系

毛泽东针对国家、集体、个人三者提出了物质利益兼顾的原则。他指出：国家和工厂、合作社的关系。工人、合作社和生产者个人的关系，都要处理好，不能只顾一头，必须兼顾国家、集体、个人三方面，既反对把个人物质利益看得高于一切，又反对不关心群众生活痛痒的官僚主义。在国家和生产单位之间，在保证国家利益的前提下，也要给地方一点权力，一点机动的余地，一点利益。随着劳动生产效率的提高，工人的工资，农民的收入都要逐年有所提高。但是，"不能只顾局部和个人利益，为了扩大再生产，也必须有积累，不能希望一年把好事都做完。"

4. 关于对外关系

毛泽东提出了向外国学习的口号。他指出，一切民族的好东西，我们都要学习，而且要学习资本主义国家的先进的科学技术和企业管理方法中合乎科学的方法。但是，必须有分析地学，不能"盲目照抄，机械照搬"。要立足于本国的实际，结合别人的经验，加快我们的社会主义建设。

毛泽东在《论十大关系》中对社会主义建设中的经济结构、管理体制、分配原则、对外关系等问题进行的深入研究和理论分析，指明了我国社会主义建设中应遵循的原则和努力的方向。

当然，我们也应看到，《论十大关系》等文章中折射出毛泽东关于什么是社会主义，怎样建设社会主义的思想体系中依然存在着局限性，主要体现在：

一是在"什么是社会主义，怎样建设社会主义"问题上的局限性。

在《论十大关系》中，毛泽东提到要以"以苏为鉴"，探索中国自己的道路，论述了正确处理社会主义经济建设和社会发展中的十个重大关系，并在重工业、轻工业和农业以及中央和地方等一系列问题上，明确指出了苏联模式的弊端和缺陷。他认为，从提出十大关系时起，我们从建国后的前八年照抄外国的经验发展为开始找到自己的一条适合中国的路线。十大关系的前五条，讲的都是经济建设中的重大矛盾关系，而且是全文的重心所在，就其分量和重要程度来说，都大大超过后五条。正如 1958 年 3 月 10 日毛泽东在成都会议上所说的："在十大关系中，工业和农业，沿海和内地，中央和地方，国家、集体和个人，国防建设和经济建设，这五条是主要的。"应当指出，即使在 1957 年以后，毛泽东也没有停止对社会主义建设规律的继续探索，并提出一些正确的和有益的见解，如：关于社会主义社会的发展阶段，关于四个现代化的目标和实现步骤，关于社会主义社会中商品生产、商品交换和价值规律等等问题的论述，以及在社会主义改造完成以后还可以开设私营工厂、投资公司、使地下工厂合法化，可以消灭了资本主义又搞资本主义等"新经济政策"的论述。

但在同时又必须看到，《论十大关系》一文中折射出的毛泽东关于什么是社会主义，怎样建设中国特色社会主义的思想体系中，依然存在着局限性，因而其不能划入中国特色社会主义理论体系。毛泽东指出："只要中国和世界上还有阶级斗争，就永远不可以放松警惕。"说明了毛泽东认为新中国建立后阶级斗争仍旧不能放松，而当时三大改造已经基本完成，我国进入社会主义建设时期，当时中国，用毛泽东的话来讲是一穷二白，没有多少工业，农业也不发达，文化、科技水平都不高，对于当时这样的现状，首先亟待发展的是经济，应当根据当时的状况制定正确的经济路线方针政策，然而从1957年下半年开始，中国对外封闭，对内以阶级斗争为纲，毛泽东强调"一定要分清敌我"，"人民"和"敌人"是阶级斗争和革命思维下的政治概念。由此看出，在毛泽东探索社会主义建设规律的这个正确与错误相交织的混合体中，"以阶级斗争为纲"是影响乃至决定其他一切因素的地位、作用、特点和比重的"普照的光"和"特殊的以太"。这就使他在这种探索中产生出的那些积极的思想成果，或者失去效力，或者扭曲变形，或者仅停留在口头宣示层面而根本无法实施，从而也就使毛泽东从1956年开始的对社会主义建设规律的探索没有升华为中国特色社会主义理论。毛泽东所开始的，是对中国社会主义建设规律的探索，而不是中国特色社会主义理论体系的创立。

二是在体制改革方面的局限性。十大关系，实际上也都牵涉到一个体制问题，但是缺少一个总体性的体制概念，因而也缺少体制改革的基本概念，没能解决体制改革才是总揽十大关系的关键所在。《论十大关系》却只有"关系"概念，没有"体制"概念，没有提出体制改革的总体性任务，没有突出根本改革苏联僵化体制这个根本问题。十大关系提出后的20年间，这些问题始终纠缠不清，主要原因就是缺少一个体制改革的总体性概念，因而找不到一根有力杠杆，真正解决这一系列重大矛盾。由于不能从根本上解决体制改革问题，因此工农业关系问题，中央和地方关系问题，国家、企业、个人三者关系问题等等，改来改去，摆来摆去，20 年间不仅没有真正解决，反而变得更加积重难返。

《论十大关系》抓住了许多关系全局的重大矛盾，但是却漏掉了一个对于体制改革最为关键的深层关系，就是国家计划与市场机制的关系问题，未能提出和解决这个体制转轨的核心问题。20世纪 30 年代至 50 年代形成的苏联僵化模式，本质上是一种统制经济类型的战时体制，用国家行政指令的强制方式，把一切资源最大限度地集中起来，运用于发展国家军事政治实力的战时目标。在中国，市场机制与国家计划的关系问题，同样也是体制转换的中枢环节、轴心问题。建国初期经济之所以迅速发展，赖以支撑的体制基础就是新民主主义市场经济，新型国家宏观指导下的市场，本质特征是开放市场的，是公私兼顾、劳资两利、城乡互助、内外交流的。1956 年，过急消灭生产资料多种所有制成分和经济发展中的冒进倾向抬头，标志着苏联传统经济体制和增长方式开始在中国初步成形，占据上风。"社会主义等于计划经济"，"资本主义等于市场经济"，这两个教条公式是一个思想症结，它把社会主义与市场机制截然对立起来，看成水火难容、不共戴天的东西，认为社会主义既然要国家计划，就绝对不能要市场机制。在计划与市场的关系这个关键问题上，能不能大胆突破苏联僵化模式和"左"的教条主义观念，决定着体制改革的命运，决定着其他诸多问题的解决。这个问题不先行解决，体制改革就无法起步，十大关系也好，其他问题也好，都无法取得实质性进展。

尽管毛泽东对社会主义的认识并不是完全清楚的，但必须看到，正是毛泽东领导开辟了救国救民的社会主义道路。他在艰难曲折中领导全党总结的社会主义建设发展的丰富经验，极大地丰富和发展了马克思主义社会主义理论，有力地推动了中国社会主义事业，成为中国特色社会主义理论和实践的宝贵基础，对于今天我们坚持中国特色社会主义建设有着十分重要的启示意义。今天坚持社会主义道路，就是在中国共产党领导下，立足基本国情，以经济建设为中心，坚持四项基本原则，坚持改革开放，解放和发展生产力，巩固和完善社会主义制度，建设社会主义市场经济、社会主义民主政治、社会主义先进文化、社会主义和谐社会，建设富强民主文明和谐的社会主义现代化国家。在当代中国，坚持中国特色社会主义道路，就是真正坚持社会主义。

十一届三中全会以后，党中央在领导社会主义现代化建设的伟大实践中，总结了以往的经验教训，丰富和发展了毛泽东《论十大关系》的思想，使毛泽东对社会主义建设道路的探索，在长时间的中断之后又得以继续。

一是在经济结构方面，毛泽东虽然在《论十大关系》中就有了轻、重工业平衡发展的清晰认识，不幸的是被后来的大跃进"以钢为纲"的阴影所笼罩，因而事与愿违，最终未能找到一条正确的途径使之兑现。十一届三中全会以后，以邓小平为代表的党中央，在对以往的历史重新审视的基础上，沿着毛泽东探索的正确途径，进一步调整了农、轻、重的比例，对农业的基础作用更加重视。党中央反复强调要增加农业投入，提高农业生产力，在农业内部，正确处理种植业和养殖业的关系，因地制宜，发展多种经营，开创了农村经济发展的新局面。而今天，在社会主义新农村的建设中，我们又采取了从千方百计减轻农民负担到"多予、少取、放活"再到取消农业税和补贴种粮农民等一系列惠农政策，不但使我国农村面貌发生了巨大变化，而且使工与农、城与乡的关系也发生了历史性的转变。在工业内部，从社会生产和社会需要的关系出发，使日用消费品的生产得到发展，人民群众的物质文化生活有了大幅度的改善和提高。

二是在经济管理体制方面，十一届三中全会后，邓小平及时重申了改革问题，他指出，实现四个现代化，"是一场根本改变我国经济和技术落后面貌，进一步巩固无产阶级专政的伟大革命。这场革命，既然要大幅度地改变目前落后的生产力，就必须多方面地改变生产关系，改变上层建筑，改变工农业企业的管理方式和国家对工农业企业的管理方式，使之适应于现代化大经济的需要"。① 1982 年，党的十二大进一步提出把进行机构改革和经济体制改革作为以后 20 年要抓紧的四件工作之一。从此，我国的经济体制改革不断深入。从农村的家庭联产承包制到城市的国有企业、教育、科研体制改革；从允许个体经济的存在，到以公有制为主体，多种所有制经济共同发展；从经济特区的开发到世贸组织的加入；从坚持以按劳分配为主体，多种分配方式并存的分配原则，到采取一系列措施防止两极分化，注重社会公平，我国的经济体制经历了从"以计划经济为主，市场经济为辅"到"以公有制为基础的有计划的商品经济"再到中共十四大确立的建立社会主义市场经济体制改革的目标，以及今天对市场经济体制不断完善的发展历程，并取得了举世瞩目的卓越成就。这是我党的几代领导人坚持和发展毛泽东思想，并将之付诸实践的结果。

三是在对外关系方面，十一届三中全会后，随着国际形势的变

---

① 《邓小平文选》，人民出版社 1983 年版，125—126 页。

化，我国对外交往有了较好的外部环境；同时，在国内，经过了思想上的拨乱反正，纠正了"左"的错误，恢复了实事求是的思想路线，有了安定团结的社会环境，为对外开放这一大政方针的确立奠定了基础。而对外开放方针的确立，使我国对外贸易、引进外国先进技术、利用外资和建立经济特区有了根本保障，并使其长足发展。今天，我国的对外开放已经形成了全方位、多渠道、宽领域的开放格局，从经济特区到加入世界贸易组织，从大规模"引进来"到大踏步"走出去"，利用国际和国内两个市场、两种资源水平显著提高。

由此可见，毛泽东《论十大关系》中对我国社会主义建设的探索是毛泽东思想体系中的重要组成部分，它与当中国特色社会主义理论体系有着不可分割的历史的必然的联系。当前的改革大潮使这一理论在中国式的现代化建设实践中得到了完善和发展。

尽管毛泽东为代表的第一代领导人最终并未走上"自己的道路"，但是《论十大关系》这份珍贵的探索檄文却被邓小平为代表的中国共产党第二代领导人所继承、发展与超越，终于在新的历史时期找到了"自己的道路"。中共十一届三中全会确定了把全党的工作重心转移到经济建设上来，并在继承《论十大关系》的基础上，制定了改革开放的新的发展战略。邓小平指出："从许多方面来说，现在我们还是把毛泽东同志已经提出、但是没有做的事情做起来；把他反对错了的改正过来；把他没有做好的事情做好。今后相当长的时期，还是做这件事。当然，我们也有发展，而且还要继续发展。"① 邓小平在要适合中国国情和走自己的道路这个

---

① 《对起草＜关于建国以来党的若干历史问题决议＞的意见》，《邓小平文选》第2卷，人民出版社1994年版，第300页。

基本点上继承了毛泽东《论十大关系》与八大探索发展道路的基本方向，并遵循了《论十大关系》的基本原则。例如遵循《论十大关系》中关于正确处理工业和农业发展关系的基本原则，十一届三中全会后邓小平领导的改革仍然是从农村开始的。在这种探索的基础上，党的十二大提出"建设有中国特色的社会主义"的命题，并正式提出了"走自己的道路"、发展和建设"有中国特色的社会主义"这个划时代的"基本结论"，标志着中国共产党人探索社会主义发展道路已经进入了一个自觉的成熟的阶段。党的十三大第一次完整提出"建设有中国特色社会主义理论"的概念，1992年初邓小平同志发表南方谈话，至党的十四大终于形成了邓小平建设有中国特色社会主义理论比较完整的科学体系。

邓小平为代表的中共第二代领导人继承毛泽东《论十大关系》及中共八大的探索，从总体上突破了苏联社会主义的传统模式，为社会主义在中国这样经济文化相对落后的国家找到了新的发展形式，例如在经济格局方面，突破了关起门来搞建设，发展单一的内向型经济的传统格局，确立了对外开放，利用国内外两种资源，开拓国内外两个市场，按照国际惯例参与国际竞争和国际合作的新格局。在社会主义经济体制和运行机制方面，突破了高度集中的计划经济体制，确立了社会主义市场经济体制。从这些新的发展形式里面，不难找到与《论十大关系》及中共八大政治路线的影子与联系。可以说，《论十大关系》及八大政治报告所表述的基本思想，在相当程度上，为中共十一届三中全会开创的中国特色社会主义道路准备了理论先导，前者是后者的历史逻辑起点。始自1978年的中国经济改革和制度转型正是因为有这个独特的理论先导，使得中国的发展轨迹与前苏东国家完全不同。

（四）《论十大关系》为改革开放提供了科学的世界观方法论

《论十大关系》中蕴涵的丰富的改革开放思想，为改革开放提供了科学的世界观和方法论。

1. 明确提出了"调动一切积极因素""化消极因素为积极因素"的指导方针，为中国特色社会主义现代化建设和改革开放提供了最高行为准则。

毛泽东在《论十大关系》中指出，十大关系和问题，"都是围绕着一个基本方针，就是要把国内外一切积极因素调动起来，为社会主义事业服务"。① 我们党采取这一方针，取得了新民主主义革命的伟大胜利；进行社会主义建设和改革开放，建设社会主义现代化国家，同样也要实行这个方针。那么，如何调动全国各族人民建设社会主义的积极性和创造性，通过什么途径调动积极性和创造性呢？显而易见，改革开放是根本出路和有效途径。改革开放，将人们从封闭的小农社会自然经济中解放出来，树立了商品经济意识和市场经济观念，并建立和完善了社会主义市场经济体制，使人民更加注重发展质量，更加明确了自己的权益和义务，实现了责权利的有机统一，进一步提高了社会主义主人翁的自觉性，从而调动一切积极因素，为社会主义现代化建设事业服务。那么，"积极因素"有哪些呢？毛泽东在《论十大关系》中具体分析了"积极因素"的来源，强调要发挥统一战线工作的优势和积极性，指出国内的积极性，工人和农民是基本的积极力量因素，争取中间势力为积极因素，做好反动消极势力的转化工作，化消

① 《毛泽东著作选读（下册）》，人民出版社1986年版，第720页。

极因素为积极因素。而国际的积极因素包括一切拥护我国社会主义事业的华人华侨和有贡献于社会主义建设的爱国者，以及国际上支持我国社会主义建设事业的友人和爱好和平事业的贤达和志士，我们还要争取中立者，分化和打击敌对反动势力因素。这些思想为我们今天调动一切积极因素提供了重要借鉴。

2. 揭示了正确处理生产力与生产关系、经济基础与上层建筑的矛盾，大力发展生产力，是社会主义的根本任务，并提出了经济调整和改革的一系列措施，为今天的经济建设和深化改革提供了经验借鉴。

新中国建立后，由于国际国内因素的影响，我国实行高度集中的计划经济管理体制，随着我国社会主义建设实践深入发展，这一经济体制逐渐暴露出许多弊端和矛盾，改革这一体制，消解这些体制性矛盾和问题，是客观要求和必然的选择。具体包括：

一是改革不合理的生产力布局。由于历史的原因，我国沿海工业比较发达，内地经济比较落后，工业结构分布很不合理。针对这种经济布局的状况，毛泽东指出，充分利用沿海工业基地的区位优势、设备能力和技术力量，发挥更大的经济效益，带动和扶持内地工业的发展；另一方面大力发展内地新工业基地，建立新兴工业产业和工业城市，形成沿海和内地工业基本平衡，竞相发展的局势。

二是精兵简政放权。正确处理国防建设与经济建设，中央与地方、政府与企业的关系。毛泽东指出，军费应当节减，"把军政费用降到一个适当的比例"，用之于经济建设，反过来进一步加强国防后盾。"只有经济建设发展得更快了，国防建设才能够有更大的进步"。① 同时，党政机关也要精简。关于中央和地方的关系，毛泽东指出，在保证中央强有力的统一领导，地方不违背中央大政方针的条件下，应当充分发挥地方的积极性，简政放权，"扩大一点地方的权力，给地方更多的独立性，让地方办更多的事情"，②让地方拥有更多更大的权力和积极性兴办实业。这些思想充分体现了毛泽东顾全大局、统筹兼顾、对立统一的辩证思想，为今天实施国家宏观调控方针政策，统筹经济建设协调发展，进一步转换企业经营机制，完善社会主义市场经济体制提供了重要借鉴。

三是调整产业结构和物质利益关系，实行综合平衡发展。毛泽东《论十大关系》中阐述了正确处理农业、重工业和轻工业的发展关系问题，为指导我国经济发展和产业结构调整提供了基本方针。毛泽东告诫全党，一定要重视农业，要把农业生产摆在我们经济建设工作的第一位，这种认识不断丰富和发展，最后完善成为"以农业为基础、以工业为主导"的光辉思想。毛泽东关心农业，以农业为基础的光辉思想，对于我们现在加强农村工作，大办农业，减轻农民负担，建设社会主义新农村，具有重大的激励和启示作用。毛泽东还在《论十大关系》中提出要正确处理国家、集体和生产者个人三者之间的物质利益关系问题，指出这是一个关系到全国人民利益的大问题，必须在全党和全国人民中间反复进行教育，根据生产集体和生产者个人对社会（国家）贡献的大小，质量的优劣，合理安排分配与消费，并通过缩小工农产品价格剪刀差，采取等价交换或近乎等价交换的政策，贯彻落实社会主义物质利益原则，提高人民生活水平，刺激生产者积极性，促

---

① 《毛泽东著作选读（下册）》，人民出版社1986年版，第725页。
② 《毛泽东著作选读（下册）》，人民出版社1986年版，第729页。

进经济建设大发展。这些改革措施，对当前正确处理各种利益关系具有重要启示。

四是提出了正确处理人民内部矛盾的基本指导方针。社会主义制度建立后，社会矛盾大量的都属于人民内部矛盾。毛泽东指出，对于是非问题，要分清是非，区别对待。对于犯错误的人，采取"惩前毖后，治病救人"的方针，"一要看，二要帮"，开展恰当的批评，并以帮助和团结同志为目的。毛泽东的这些思想，为我们正确处理人民内部矛盾，以及加强思想政治工作，推进社会主义政治文明建设提供了基本指导，有助于壮大社会主义建设和改革开放的力量。

3. 运用马克思主义否定之否定观即扬弃的辩证原理，科学论证了"中国与外国的关系"，为我们提供了改革开放的可行性原则与方法。

一是强调有分析有批判地学习一切国家、一切民族的好东西和好经验，要吸取精华，剔除糟粕，反对盲目地学，机械照搬。我国社会主义三大改造完成后，我们党坚持一方面务实闯关，另一方面大胆"向外国人学习"，吸收人类社会一切优秀文明成果。西方"工业发达国家的企业，用人少，效率高，会做生意，这些都应当有原则地好好学过来，以利于改进我们的工作"，[①] 符合我国国情地学习，稳步发展，是真学，很有意义。毛泽东说，应当承认，社会主义是有优点和缺点这两点的，不承认这种客观事实，就不是马克思主义的辩证态度。这就决定了社会主义对外开放的完全必要性。因此，我们的方针是，一切国家、一切民族的长处都要学，政治、经济、科学、文学、艺术的一切真正好的东西都

---

① 《毛泽东著作选读》（下册）》，人民出版社 1986 年版，第 742 页。

要学。由此，我们清楚地看到毛泽东无限宽敞的开放思想世界。由于任何事物具有双重属性，外国的东西有好有坏，毛泽东指出，学习外国人，只学好的和长处，不要学他们的短处和缺点，"必须有分析有批判地学，不能盲目地学，不能一切照搬，机械搬运"。①尤其要自觉批判和抵制外国资产阶级一切腐朽制度、思想作风和生活方式，这充分体现了毛泽东对外开放憎爱鲜明的扬弃观，坚定的马克思主义立场和改革开放思想的全面性。毛泽东的这些谆谆之词，对于今天扩大对外开放，维护国家主权安全，坚持独立自主的外交策略，仍然具有现实意义。

二是增强民族自信心，推陈出新，反对历史虚无主义和全盘西化。对外开放，是为了取人之长，补我之短，更好地弘扬民族精神，增长自己的志气。毛泽东与文艺界朋友座谈文化艺术时谈到民族自信心问题颇为精深，指出："外国有用的东西，都要学到，用来改进和发扬中国的东西，创造中国独特的新东西"，"应该学习外国的长处，来整理中国的，创造出中国自己的、有独特的民族风格的东西。这样道理才能讲通，也才不会丧失民族信心"，②决不能"越搞越洋化"，"应该越搞越'中国化'"。毛泽东以辛辣之笔讽刺批评了崇洋媚外的洋奴哲学思想，他指出：有人在外国人面前伸不直腰，像《法门寺》里的贾桂一样，认为一切都是外国的好，月亮也是外国的圆，事事不如人。这样的人没有一点民族气节，很有加强马克思主义理论教育的必要，应当"在这方面要鼓点劲，要把民族自信心提高起来，把抗美援朝中提倡的'藐

---

① 《毛泽东著作选读（下册）》，人民出版社 1986 年版，第 740 页。
② 《毛泽东著作选读（下册）》，人民出版社 1986 年版，第 753 页。

视美帝国主义'的精神发展起来"。① 今天我们对外开放应当继续坚持自力更生为主，争取外援为辅的方针，保持民族气节，学习世界上一切优秀的文明成果，推陈出新，又要坚决反对全盘西化，这样才能又好又快地建设中国特色社会主义。

4. 协调十大关系，目的在于增强社会主义国家综合国力。综合国力，是一个国家所拥有的全部实力和潜力的综合，包括经济实力、政治实力、文化实力、外交实力、军事实力等。毛泽东虽然在《论十大关系》中没有明确提出综合国力的概念，但是他明确指出，我们要"把党内党外、国内国外的一切积极的因素，直接的、间接的积极因素，全部调动起来，把我国建设成为一个强大的社会主义国家"，② 这说明他试图协调十大关系，目的就在于增强我国的社会主义综合国力。毛泽东在具体论述十大关系的处理原则时，为增强我国综合国力提供了基本思路。毛泽东提出正确处理沿海和内地的关系，调节国家、集体和个人三者的利益关系，科学对待汉族和少数民族的关系，推动城乡经济发展，正确处理生产力与生产关系的矛盾，就是为了提高我国社会主义的经济实力。毛泽东关于正确处理人民内部矛盾，改革上层建筑中不适应经济基础的部分，繁荣民族的科学的大众的文化，都是为了增强社会主义的政治实力和文化实力。毛泽东提出正确处理经济建设和国防建设的关系，主张向外国学习，这是为了增强我国的军事实力、外交实力以及在国际社会中的影响和地位。

---

① 《毛泽东著作选读（下册）》，人民出版社 1986 年版，第 743 页。
② 《毛泽东著作选读（下册）》，人民出版社 1986 年版，第 744 页。

（五）《论十大关系》为探索社会主义现代化建设的"十二大关系"奠定了基础

党的十三届四中全会以来，以江泽民同志为核心的党的第三代中央领导集体，带领全国人民实现了我国经济的持续快速健康发展。在这个过程中，江泽民集中全党智慧，在1995年9月党的十四届五中全会闭幕时作了《正确处理社会主义现代化建设中的若干重大关系》（以下简称"论十二大关系"）的讲话。这篇讲话论述了我国在社会主义现代化建设中应该正确处理的十二大关系，即：改革、发展、稳定的关系，速度和效益的关系，经济建设和人口、资源、环境的关系，第一、二、三产业的关系，东部地区和中西部地区的关系，市场机制和宏观调控的关系，公有制经济和其他经济成分的关系，收入分配中国家、企业和个人的关系，扩大对外开放和坚持自力更生的关系，中央和地方的关系，国防建设和经济建设的关系，物质文明建设和精神文明建设的关系。

这篇讲话是在新的历史条件下，对毛泽东同志《论十大关系》讲话的发展，为中国化的马克思主义增添了新的内容。"论十二大关系"在内容上可以说是对毛泽东《论十大关系》从总体上的继承与发展。

一是从立足点和出发点来看，两者都是从具体的主要的社会历史背景和任务出发而提出的指导思想，思考问题的方法角度是相似的，同时针对性有相似性而又不同。毛泽东发表《论十大关系》讲话时，我国正处在社会主义改造与即将实现从新民主主义到社会主义的转变中，大规模的全面的社会主义建设任务已经提到日程上来。这时，借鉴世界上第一个社会主义国家苏联在发展中的经验教训，以及我国在执行第一个五年计划中既得的实践经验，探索一条适合中国国情的建设社会主义的发展道路，就成为我国社会发展的必然要求。江泽民的"论十二大关系"讲话，则是处在我国社会主义初级阶段，有了几十年的发展的积累，有了比较全面的社会主义建设正反两方面经验，经过十一届三中全会——改革开放——社会主义现代化建设实践的探索过程。这时，中国共产党已经摸索出中国自己的建设社会主义的正确方向，并且已经基本掌握了我国社会主义建设发展的客观规律。因此，江泽民的讲话，侧重点与《论十大关系》不同，着重于解决在推进社会主义现代化建设的进程中，出现的一些新问题新情况，特别是怎么处理好若干带有全局性的重大关系，处理好新时期的人民内部矛盾，深化对社会主义建设客观规律的认识。

二是从前提和目的来看，毛泽东在《论十大关系》中指出："提出这十个问题，都是围绕着一个基本方针．就是要把国内外一切积极因素调动起来，为社会主义事业服务。"[①] 江泽民在"论十二大关系"指出，正确处理这些重大关系要贯彻一个总的思想，"就是以邓小平同志建设有中国特色社会主义理论和党的基本路线为指导"，"目的是在总结历史经验的基础上，努力把握客观规律，统一全党认识，团结全国各族人民，调动一切积极因素，加快社会主义现代化建设。"[②] 可以看出，两者的思想方法和目的也有着惊人的相似之处，继承的痕迹是明显的。

三是"论十二大关系"中的某些内容，与《论十大关系》的

---

① 毛泽东：《论十大关系》，《毛泽东文集》第 7 卷，人民出版社 1999 年版。
② 江泽民：《正确处理社会主义现代化建设中的若干重大关系》，《江泽民文选》第 1 卷，人民出版社 2006 年版。

论述既具有一定的连续性，又有新的概括、丰富和发展。江泽民提出要正确处理对外开放和坚持自力更生的关系，这与毛泽东在《论十大关系》中讲的"中国和外国的关系"，在思想上是相通的，即都主张向外国学习，取其精华，去其糟粕。但不能忽略一点就是在毛泽东时代还没有对外开放的背景，江泽民在这里着重讲的则是对外开放问题。对于"中央和地方的关系"，江泽民根据改革开放以来实行权力下放，在中央与地方关系上出现的新情况，指出："我们既不允许存在损害国家全局利益的地方利益，也不允许存在损害国家全局利益的部门利益。"① 并强调了具体的统一性和兼顾灵活性的总原则。这里的侧重点，不同于《论十大关系》里的论述。这与毛泽东针对当时高度集中的计划经济体制弊端，强调要扩大一点地方的权力，给地方更多的独立性有所不同。此外，"论十二大关系"从内容上看还有新的发展，在正确处理改革、发展、稳定的重大关系，发展速度和效益的关系，经济建设和人口、资源、环境的关系，物质文明与精神文明建设的关系，正确处理公有制经济和其它经济成分的关系等问题上的论述，在某种意义上可以说是《论十大关系》的补充，甚至是修正。

（六）《论十大关系》为科学发展观的形成做出了历史性探索和贡献

以胡锦涛为总书记的中国共产党领导集体提出了"坚持以人为本，树立全面、协调、可持续的发展观，促进经济社会和人的全面发展"的"科学发展观"。作为科学发展观的核心内容的统筹

① 江泽民：《正确处理社会主义现代化建设中的若干重大关系》，《江泽民文选》第1卷，人民出版社2006年版。

兼顾、平衡发展、对立辩证的思想方法与《论十大关系》有明显的联系性。科学发展观与《论十大关系》一样，都是从中国经济建设和社会发展带普遍性的问题中概括出来各种关系，都提出了协调发展的重要性，都是从什么是发展和怎样发展的角度提出问题的，并都是从社会主义建设必须处理好的各种关系去阐述的，尤其是都提出了统筹兼顾的发展理念和原则。当然，无论相对于《论十大关系》，还是相对于邓小平理论和"论十二大关系"，科学发展观都有着重大的突破与发展，特别是科学发展观使发展由"以物为本"转变为"以人为本"，由片面追求经济增长的发展观转变为"人、经济、社会"全面综合、统筹发展的新的科学的发展观，将发展的思想提到一个新的高度，回答了什么是发展、为什么发展、为谁发展、靠谁发展、怎样发展。

具体来说，《论十大关系》体现了科学发展观的如下观点。

1. 体现了发展是"第一要务"的思想

刚解放的新中国，百孔千疮、百废待兴，经济恢复和建设的任务十分繁重。当时，与国民党的大规模的阶级斗争虽然平息，但与美国进行的朝鲜战争进行了三年，消耗了我国大量人力物力财力。人民要过日子、社会要稳定，一切都离不开发展，中国共产党要完成的首要任务是发展生产、积累财富，迅速维持国计民生。也就是说，新中国的第一要务是发展经济。当时的中国共产党人是认识到这一点的。随着 1953 年第一个五年计划开始全面实施，特别是这一年 6 月 15 日毛泽东同志开始提出了社会主义过渡时期的总路线，中国的社会主义建设和社会主义改造工作便开始全面展开。毛泽东同志对朝鲜战争以后的国内外形势进行了冷静分析，认为近期内不会马上爆发战争，应抓住这一好时机，加快经济发展，特别是要发展内地工业。他说，过去朝鲜还在打仗，国际形势还很紧张，不能不影响我们对沿海工业的看法。现在，新的侵华战争和新的世界大战，估计短时间内打不起来，可能有十年或者更长一点的和平时期。这样，如果还不充分利用沿海工业的设备能力和技术力量，那就不对了。从现有材料看来，轻工业工厂的建设和积累一般都很快，全部投产以后，四年之内，除了收回本厂投资以外，还可以赚回三个厂、两个厂、一个厂，至少半个厂。这样好的事情为什么不做？认为原子弹已经在我们头上，几秒种就要掉下来，这种形势估计是不合乎事实的，由此而对沿海工业采取消极态度是不对的。这不是说新的工厂都建在沿海。新的工业大部分应当摆在内地，使工业布局逐渐平衡，并且利于备战，这是毫无疑义的。但是沿海也可以建立一些新的厂矿，有些也可以是大型的。好好的利用和发展沿海的工业老底子，可以使我们更有力量来发展和支持内地工业。如果采取消极态度，就会妨碍内地工业的迅速发展。所以这也是一个对于发展内地工业是真想还是假想的问题。如果是真想，不是假想，就必须更多地利用和发展沿海工业，特别是轻工业。

毛泽东还指出："这里也发生这么一个问题，你对原子弹是真正想要，还是只有几分想，没有十分想呢？你是真正想要、十分想要，你就降低军政费用的比重，多搞经济建设。你不是真正想要、十分想要，你就还是按老章程办事。这是个战略方针的问题，希望军委讨论一下。"可见，当时我们意识到发展经济是我们的"第一要务"。

今天，对我们国家来讲，解决所有问题归根到底要靠发展。发展是硬道理，科学发展更是硬道理。我们必须努力使经济保持较快发展速度，但速度要有新的内涵。科学发展观提出要转变发展观念，创新发展模式，提高发展质量，着力调整经济结构和转变增长方式，着力加强资源节约和环境保护，切实把经济社会发展转入科学发展的轨道，真正把科学发展观贯彻于经济社会发展的全过程，实现经济社会又好又快发展。"好"与"快"表面上是文字顺序的变换，但表达的是思路和观念的根本转变，追求的不再仅仅是数量的增加而是质量的提高。这跟"十大关系"中的"真想"还是"假想"有异曲同工之妙。对于一个国家来讲，在日趋激烈的国际竞争中不进则退，必须要保持经济较快速度的增长。但如果是"真想"，就必须注重效益，注重质量。注重可持续性，而不是单纯地追求速度，因为没有效益、没有质量的速度是难以持久的，最终会垮下来，就像"杀鸡取卵""竭泽而渔"一样。大起大落的发展方式对经济社会带来的损失是非常之大的，这方面的教训我们是举不胜举的。1958 年的"大跃进"，1978 年的"洋跃进"，1993 年的"硬着陆"。

2. 体现了统筹兼顾、全面协调的要求

毛泽东在《论十大关系》体现了协调发展、均衡发展、统筹兼顾的思想，是科学发展思想的源头。

一是以苏联经验为鉴戒，注重协调发展。苏联在伟大的社会主义制度下经济建设取得丰硕的成果，但是经济建设对于刚刚摆脱内忧外患的新中国来说，才刚刚起步，只有苏联和东欧的经验供借鉴和学习。在学习苏联和东欧的过程中，毛泽东没有盲从苏联的经济发展模式，而是从中国的实际出发，明确指出："我们要适

当地调整重工业和农业、轻工业的投资比例，更多地发展农业、轻工业。"① 谈到苏东国家的做法时，毛泽东认为："像苏联的粮食产量长期达不到革命前最高水平的问题，像一些东欧国家由于轻重工业发展太不平衡而产生的严重问题，我们这里是不存在的。他们片面地注重重工业，忽视农业和轻工业，因而市场上的货物不够，货币不稳定。"② 由此可见，毛泽东深刻地认识到农业、轻工业对中国社会主义建设的重要性。1957 年 10 月，毛泽东在扩大的八届三中全会上又提出了工业和农业并举的思想，他提出，讲到农业与工业的关系，当然以重工业为中心，优先发展重工业。但是在这个条件下，必须实行工业与农业同时并举，逐步建立现代化的工业和现代化的农业。对待农轻重比例关系的态度，一方面反映了毛泽东实事求是、客观冷静地看待苏联和东欧社会主义国家经济建设中存在的问题，能够从苏东社会主义建设实践中汲取经验和教训，科学地对我国经济建设中三大产业的结构进行思考和部署。另一方面明确了重工业的中心地位，这在当时的社会历史条件下意义是非常重大的。重工业是制造机器的工业，被认为是工业发展的母机，我国的工业基础在建国初是相当薄弱的，实现工业化的前提必须要有制造各种工业产品的机器，重工业是完成这一重任的不二选择。毛泽东的认识具有战略眼光，意义非常深远。

二是在经济建设中强调均衡发展。新中国的工业主要集中在沿海，只有百分之三十在内地。应当说，这种工业布局在旧中国是历史的、自然的因素造成的，在一定时间、一定程度上对我国的

---

① 《毛泽东选集》第 4 卷，人民出版社 1991 年版，第 720－733 页。
② 《毛泽东选集》第 4 卷，人民出版社 1991 年版，第 720－733 页。

经济社会发展具有积极的作用和影响。但新中国成立后着眼于全国经济社会发展的大局，这种状况就要有所改变。毛泽东在《论十大关系》中对这一问题有明确的论述，指出"沿海的工业基地必须充分利用，但是，为了平衡工业发展的布局，内地工业必须大力发展。在这两者的关系问题上，我们也没有犯大的错误，只是最近几年，对于沿海工业有些估计不足，对它的发展不那么十分注重了。这要改变一下，好好地利用和发展沿海的工业老底子，可以使我们更有力量来发展和支持内地工业。如果采取消极态度，就会妨碍内地工业的迅速发展。"① 为平衡工业发展的布局，建立良性循环的经济运行系统，实现优化经济结构、保持经济持续稳定增长的目标，毛泽东在总结了第一个五年计划的经验后提出"新的工业大部分应当摆在内地，使工业布局逐步平衡，并且利于备战"。② 内地发展现代工业，改变新中国地区经济发展不均衡的现状，进而改变内地工业基础薄弱、经济相对滞后的面貌，这是毛泽东对沿海工业与内地工业关系的基本思考。同时在《论十大关系》中毛泽东还特别强调了沿海工业对内地工业的支持和引领作用，这成为小平同志的让一部分人和一部分地区先富起来，然后先富带动后富，最终实现共同富裕思想的理论渊源。应当看到，沿海对内地的引领和辐射直到今天仍然是一项正在推进的伟大社会工程。

三是在全面探索中坚持统筹兼顾。《论十大关系》从新中国建设的全局中，深入探讨新中国经济社会建设所涉及的一些重大关系问题。这些关系之间相互作用、相互影响。任何一种关系处理

① 《毛泽东选集》第4卷，人民出版社1991年版，第720－733页。
② 《毛泽东选集》第4卷，人民出版社1991年版，第720－733页。

不好都会对新中国的全面建设造成不可估量的影响。因此统筹兼顾就显得尤为重要。在处理国家生产单位和生产者个人的关系时，毛泽东强调：国家和工厂、合作社的关系，工厂、合作社和生产者个人的关系，这两种关系都要处理好。为此，就不能只顾一头，必须兼顾国家、集体和个人三个方面，也就是我们过去常说的"军民兼顾""公私兼顾"。在兼顾农民利益方面，毛泽东指出，我们对农民的政策不是苏联的那种政策，而是兼顾国家和农民的利益。鉴于苏联在这个问题上犯了严重错误，我们必须更多地注意处理好国家同农民的关系。在处理中央和地方的关系方面，毛泽东指出：我们的国家这样大，人口这样多，情况这样复杂，有中央和地方两个积极性，比只有一个积极性好得多。我们不能像苏联那样，把什么都集中到中央，把地方卡得死死的，一点机动权也没有，在处理汉族和少数民族的关系方面，毛泽东指出：我国少数民族人数少，占的地方大。如果汉人搞大汉族主义，歧视少数民族，那就很不好，各个少数民族对中国的历史都作过贡献。我们必须搞好汉族和少数民族的关系，巩固各民族的团结，来共同努力建设伟大的社会主义祖国。在处理中国与外国的关系方面，毛泽东指出，每个民族都有自己的长处，也都有自己的短处，并分析中国的两条缺点：一是我国过去是殖民地、半殖民地，历来受欺负；二是我们的革命比起苏联来是后劲的。"这两条缺点又是优点，从发展的观点看，穷就要革命，富的革命就困难。科学技术水平高的国家，就骄傲得很。我们是一张白纸，正好写字"。"要把我们民族自信心提供啊起来，把抗美援朝中提倡的'藐视美帝国主义'的精神发展起来"。毛泽东还提出了"向外国学习"的口号，提出"一切民族、一切国家的长处都要学，政治、经济、科学、技术、文学、艺术的一切真正好的东西要学，但要有批判地学"。

从以上的论述中可以看出，毛泽东对新中国的建设是做了深入地思考的，思考的内容涉及经济、政治、社会建设的方方面面，思考的重点围绕怎样促进社会主义建设这一重大课题，特别强调统筹兼顾、适当安排、各得其所。强调搞社会主义建设，很重要的一个问题是综合平衡，认为这是调动一切积极因素、处理社会主义建设中重大关系的基本方法。这些思想不仅是辩证唯物主义普遍联系观点在新中国建设过程中的具体应用，也反映了在建设社会主义的过程中各种利益之间要统筹兼顾，各种要素之间要合理布局，各种关系之间要完全理顺并充分发挥作用，不能有所偏废，不能只顾一头，应当把社会主义建设作为一项伟大的系统工程来对待。

科学发展观强调全面协调可持续发展，这是科学发展观的基本要求，而要坚持全面协调可持续发展，就必须努力做到统筹城乡发展、统筹区域发展、统筹经济社会发展、统筹人与自然和谐发展、统筹国内发展和对外开放这"五个统筹"。可以看出，科学发展观进一步发展了《论十大关系》中的统筹兼顾、协调发展的思想。

第一，科学发展观要求统筹城乡发展，这是《论十大关系》中工业与农业协调发展的思想的演进。随着我国社会主义社会经济的迅速发展，"三农"问题已经到了亟待解决的地步。统筹城乡发展，就要更加注重农村的发展，解决好"三农"问题，坚决贯彻工业反哺农业、城市支持农村的方针，加大农业扶持力度，增加农民收入，合理调整国民经济的收入分配结构，以城带乡，以工促农，。逐步改变城乡二元经济结构，逐步缩小城乡发展差距，实现城乡协调发展。这是《论十大关系》中农业是国民经济的基础的思想的发展。

第二，统筹区域发展是科学发展观关于区域发展的要求。改革开放以来，各地区都有很大的发展，但各地区之间的差距逐渐扩大，为了缩小东西部差距，党中央提出了统筹区域发展，这就是要积极推进西部大开发，振兴东北地区等老工业基地，促进中部地区崛起，鼓励东部地区率先发展，继续发挥各个地区的优势和积极性，形成东中西相互促进、优势互补、共同发展的新格局。它与《论十大关系》中的沿海工业与内地工业发展的关系的思想基本一致。

第三，科学发展观中的统筹经济社会发展，是党中央在正确认识当前国际国内形势以后，做出的正确决策。统筹经济社会发展就要在大力推进经济发展的同时，更加注重社会发展，加快科技、教育、文化、卫生、体育等社会事业发展，不断满足人民群众在精神文化、健康安全等方面的需求。这与基于当时国际国内形势做出正确判断以后，在《论十大关系》中提出的经济建设与国防建设协调发展的思想一脉相承，都强调了经济建设的重要性，其他建设都要以经济建设为基础。

第四，科学发展观中统筹国内发展和对外开放的要求。当前我国的改革、发展始终与对外开放紧密结合。一方面，随着改革开放的不断推进，对外经济日益成为推动我国经济发展的重要因素；另一方面，国内的改革和发展为推进对外开放奠定了基础。统筹国内发展和对外开放，其实质就是要坚持"引进来"和"走出去"相结合，更好地利用国内和国外两种资源，两种市场，更好地促进我国社会主义现代化建设。这与《论十大关系》中正确认识和处理中国与外国的关系一脉相承。

第五，统筹人与自然和谐发展，是党中央在总结世界各国，尤其是发达资本主义国家和我国发展的经验教训基础上提出来的。我国人口众多，资源相对不足，生态环境承载能力弱，这是基本国情。多年来，我国经济有了较大的发展，但是随之而来的是水土流水、草原退化、沙漠化、水体和大气污染、人口急剧膨胀等，对我国自然资源和生态环境带来沉重的压力，阻碍了经济的发展，不利于人口素质和人民生活水平的提高。统筹人与自然的和谐发展，就是要处理好经济建设、人口增长、资源利用与生态环境保护的关系，高度重视资源和生态环境问题，增强可持续发展的能力，推动整个社会走上生产发展、生活富裕、生态良好的文明发展道路。这丰富和发展了毛泽东关于人与自然关系的思想。在《论十大关系》中，毛泽东没有直接讲人与自然的关系，但是内在包含了对这一关系的认识。为了加快我国工业化的进程和经济的发展，毛泽东在多次提出"向科学进军""向自然开战"等口号的同时，也注意到了维护生态平衡的问题，如倡导"绿化"、提出"南水北调"的构想等。只是没有把实现人与自然的和谐作为重要任务来对待。

这些充分体现出了科学发展观与《论十大关系》的继承关系，他们是一脉相承的，科学发展观是《论十大关系》中统筹兼顾、协调发展思想的发展和演进。虽然两代领导人所处的时代背景变化很大，毛泽东的《论十大关系》中关于统筹兼顾的思想也不可避免的存在着时代和历史的局限性问题，但他们对于社会发展规律的战略思考却如出一辙，高度一致，毛泽东《论十大关系》中

"综合平衡""统筹兼顾"的思想，是科学发展观全面、协调、可持续发展"的历史借鉴，而全面、协调、可持续发展"的思想是在新世纪新阶段根据新的时代特点，对《论十大关系》的继承、丰富和发展，使统筹兼顾"上升到更高的层面，不仅仅局限于"重轻农""沿海与内地""经济与国防"，而且包括经济政治文化和社会建设，国内发展与对外开放以及当前引起高度重视的资源环境问题，使我们党关于社会主义建设必须坚持统筹兼顾的指导原则更加具体、更加完善，进一步深化了我们对社会主义现代化建设规律的认识。

总而言之，《论十大关系》统筹兼顾是毛泽东思想的重要组成部分，标志毛泽东在中国社会主义建设道路探索中形成了比较系统的理论基础，统筹兼顾，总揽全局，蕴含着社会主义现代化建设的哲学思想。社会主义新时期的科学发展观是对《论十大关系》的继承和发展，当前在我们面临新问题、新挑战时，要坚持统筹规划，重点突破，促进社会主义现代化建设全面、协调，可持续发展。

3. 体现了"以人为本"这个科学发展观的核心

在《论十大关系》中，毛泽东调动积极因素的思想体现了以人为本。毛泽东是唯物史观者，他确信社会主义事业只有依靠人民群众才能取得胜利。面对社会主义建设的全新课题，他首先想到的是如何采取切实有效的措施，充分调动人民群众建设社会主义的积极性。在《论十大关系》中毛泽东开宗明义地指出"提出这十个问题，都是围绕着一个基本方针，就是要把国内外的一切积极因素调动起来，为社会主义事业服务。过去为了结束帝国主义、封建主义和官僚资本主义的统治，为了人民民主革命的胜利，我们就实行了调动一切积极因素的方针，现在为了进行社会主义革命，建设社会主义国家，同样也实行这个方针"。毛泽东同志又说，"什么是国内外的积极因素？在国内，工人和农民是基本力量。中间势力是可以争取的力量。反动势力虽是一种消极因素，但是我们仍然要做好工作，尽量争取化消极因素为积极因素。在国际上，一切可以团结的力量都要团结，不中立的可以争取为中立，反动的也可以分化和利用。总之，我们要调动一切直接和间接的力量，为把我国建设成为一个强大的社会主义国家而奋斗"。毛泽东还指出："天上的空气，地上的森林，地下的宝藏，都是建设社会主义所需要的重要因素，而一切物质因素只有通过人的因素，才能加以开发利用。"[①] 这些论述其实是在强调只有人的积极因素被调动起来，才能形成推动经济社会发展的强劲动力，一切发展都必须依托人民群众的伟大力量，体现了毛泽东对"人是生产力和生产关系中最活跃、最能动的因素，历史是人民群众创造出来的"这一唯物史观的深刻认识。真正依靠人民群众，社会主义的建设才有了可靠的人才保障和重要的依托力量，只有充分调动人的积极性、主动性，人民群众参与社会主义建设的激情和热情才能真正地被激发出来，进而才能发挥创造性，增强主动性，创造社会主义的建设奇迹。这是以人为本思想的重要体现。

毛泽东提出调动一切积极因素的方针，直接源于我们党的"三大法宝"之一的统一战线，统一战线是指不同的阶级、阶层、政党、集团、派别直至民族、国家等社会政治力量，为了一定的政治目的，在具有共同利益的基础上建立的一种政治联盟。在推

---

① 《毛泽东选集》第 4 卷，人民出版社 1991 年版，第 720 - 733 页。

翻三座大山的新民主主义革命中发挥了巨大的威力。在社会主义革命阶段，同样要坚持这个方针。不仅对"中间势力"要争取，就是对反动势力也要分化利用。这在刚刚经历了血与火、生与死的革命战争年代的人来说，确实是一种宽广的胸怀和明智的选择。这是因为：一是当时的时代是处于革命与战争的时代，国家要解放、民族要独立、人民要革命是当时的潮流。二是残酷的你死我活战争刚刚过去不久，敌对状态还明显存在，新的战争随时可能出现，国际上两大阵营针锋相对。三是在意识形态为先的时代，人们的意识中阶级斗争的弦还绷得很紧，很多事情都要往这方面联系。还在不断强化阶级斗争意识，人们认识和思考问题必然要从这个角度出发。因此，在这样的背景下，能够提出调动一切积极因素，包括做好反动因素的转化，应当是心胸开阔，极富远见的见解了。

同时，这一方针也汲取了我党和苏联革命的历史教训。一是我党的教训。由于我党历史上长期存在的极"左"观点，如王明所犯的夸大资本主义在中国经济中的比重，夸大中国现阶段革命中反资产阶级斗争、反富农斗争的意义，否认中间营垒的存在，执行了"关门主义""打击中间势力"的错误路线。二是总结了苏联的教训。苏联革命胜利后曾经实行剥夺农民的政策，如余粮收集制，禁止自由贸易，以及30年代的"镇反"运动，把当年领导层中不同观点的人都打成"反党分子""机会主义分子"，乱关乱杀无辜，留下了历史教训。

毛泽东不仅提出了调动积极因素的方针，在论述国家、集体和个人的关系时，还提出了关心群众生活的问题。他说："拿工人讲，工人的劳动生产率提高了，他们的劳动条件和集体福利就需要逐步有所改进。我们历来提倡艰苦奋斗，反对把个人物质利益看得高于一切，同时我们也历来提倡关心群众生活，反对不关心群众痛痒的官僚主义。随着整个国民经济的发展，工资也需要适当调整。关于工资，最近决定增加一些，主要加在下面，加在工人方面，以便缩小上下两方面的距离。我们的工资一般还不高，但是因为就业的人多了，因为物价低和稳，加上其他种种条件，工人的生活比过去还是有了很大改善。……我们需要大力发扬他们这种艰苦奋斗的精神，也需要更多地注意解决他们在劳动和生活中的迫切问题。"

毛泽东虽然没有明确提出"以人为本"的命题，但是，以苏联为鉴，调动一切积极因素建设社会主义，关心群众生活等等，这些思想都为科学发展观的"以人为本"的核心思想提供了理论指导和实践基础。而科学发展观的形成，则是对《论十大关系》中调动一切积极因素的理论升华和重大发展。科学发展观坚持把"以人为本"作为核心，提出发展为了人民，发展依靠人民，发展的成果要全体人民共享，发展的目的是要实现好、维护好、发展好人民群众的根本利益。这里的以人为本涵盖了社会各个阶层的利益，其实是最高层次、最大广度的调动积极因素。我们还看到，无论是科学发展观的以人为本，还是毛泽东的调动积极因素的思想，两者都是我党群众路线的体现，都是一切为了群众，相信群众和依靠群众，这使毛泽东"为人民服务"和调动一切积极因素的思想，在新的时期有了新的理论意义。正如有学者指出的，毛泽东的思想和论述"其根本宗旨在于谋求以和谐发展的方式实现以人为本的发展理念，正在创建着真正体现中华民族特色与全球时代精神的人本和谐发展理论。"①

今天，时代条件和国内环境发生了很大的变化，这使作为《论十大关系》思想的凝练和发展的科学发展观有了更好地实施环境和条件。当年，《论十大关系》作为我们探索社会主义道路的重要成果，却未能得到很好的落实，成为历史的遗憾。今天，科学发展观已成为我国社会主义现代化建设的指导思想，而它的实施环境和条件与《论十大关系》有很大的不同，远好于当年，因而，我们有理由相信，科学发展观不会变成第二个《论十大关系》，能够很好地贯彻和实施。二者的实施环境和条件的不同体现在：

一是从思想基础看，两者有了根本的变化。50多年前，新中国成立时间不长，保卫社会主义国家是首要的任务，而姓资姓社的界限，成为人们心中跨不过的坎，因此，斗争热情很容易盖过实事求是的理性认识。而现在，经过几十年的摸索，实事求是，发展是硬道理的思想已经深入人心，理性思考理性选择、一心一意图发展已成为了中国人团结奋进的主旋律。近十几年来，在人与环境的关系上，人们开始感到青山绿水的重要，在城乡差异、区域差异中，开始明白全国一盘棋的意义。均衡、协调的要求越来越强烈。在处理竞争性问题上，战略性地提出了共赢思想，使中华文明的深刻智慧在全世界闪光。

二是从法制环境看，现今已远远优于当年。建国初期，我们主要还是靠行政主导法治，而现在依法治国已作为基本国策确立，各种行政法经济法规不断订立、实施，中国特色社会主义法律体系已经建立并进一步完善。在和平稳定的大局下，法制已渗透到

---

① 溽思：《现代性的命运——现代社会发展理念批判与创新》，中国社会科学出版社2005年版，第268页。

了社会生活的方方面面，越来越成为了国家政治生活的重要环节。

三是从国际环境看，改革开放三十多年，不仅使世界了解了中国，中国了解了世界，更重要的是我们独立自主的地位的确立，经济的高速稳定增长，已使得世界的发展也已离不开中国。因此，一方面中国在与他国的交往中能够不断学习经验、资源互补；另一方面，互惠互利的外交方针也使得世界各国希望中国和平稳定发展，在世界共同体中起积极作用，因为中国的发展也有利于他们的发展。

（七）《论十大关系》为建设社会主义和谐社会提供了重要启示

当前，我国正处于建设社会主义和谐社会的新时期，全国人民正集中力量为和谐社会的建设而努力奋斗。毛泽东的《论十大关系》对建设社会主义和谐社会在不同层次、不同方面都有着巨大的指导意义。正如胡锦涛同志所指出的，"毛泽东同志关于社会主义建设的正确思想，对我们构建社会主义和谐社会仍具有重要的指导意义"。[①]

1. 实现经济的协调发展

在经济上，毛泽东提出统筹兼顾，处理好经济结构、经济体制和分配关系上存在的问题，实现经济的协调发展。

（1）实现经济结构的和谐

建设社会主义和谐社会，必须实现经济结构的和谐。毛泽东以

---

① 胡锦涛：《省部级重要领导干部提高构建社会主义和谐社会能力专题研讨班上的讲话》《人民日报》，2005年6月27日。

在对立中求平衡的理论建构思路，通过协调发展，统筹兼顾思想处理经济结构上存在的问题，主张调整农轻重比例，调整沿海和内地工业布局，调整经济建设和国防建设关系，通过以上调整使国民经济协调发展。

针对重工业和农业、轻工业的关系，毛泽东在《论十大关系》中指出："在处理重工业和轻工业、农业的关系上，我们没有犯原则性的错误。我们比苏联和一些东欧国家做得好些。"在当时，党中央吸取了苏联及东欧国家的经验教训，合理地调整了经济结构，使重工业、农业、轻工业协调发展，没有像东欧国家那样片面强调重工业而忽视农业和轻工业，导致经济结构的失调，造成严重的社会问题。针对当时经济结构中存在的重视重工业而轻视轻工业和农业的倾向，毛泽东指出二者的关系是：一是重工业是建设的重点，但不可因此而忽视农业和轻工业；二是明确提出了用多发展一些农业、轻工业的办法，加快重工业发展。毛泽东在《论十大关系》中强调："要适当调整重工业和农业、轻工业的投资比例，更多地发展农业、轻工业。这样，重工业是不是不为主了，它还是为主，还是投资的重点。但是，农业、轻工业投资的比例要加重一点。加重的结果，一可以更好地供给人民生活的需要，二可以更快地增加资金的积累，因此可以更多地发展重工业。"

沿海工业和内地工业的关系是一个涉及国内生产力布局的问题，实质上也是经济结构问题。针对当时我国全部轻工业和重工业都有约 70% 在沿海，只有 30% 在内地的现状，毛泽东指出："沿海的工业基础必须充分利用，但是，为了平衡工业发展的布局，内地工业必须大力发展。"他进一步指出："好好地利用和发展沿海的工业老底子，可以使我们更有力量来发展和支持内地工业。如果采取消极态度，就会妨碍内地工业的迅速发展。"这一方针有利于调动内地和沿海两者的积极性，使二者相互促进，协调发展。

经济建设和国防建设的关系实际上是更深层次的产业结构问题。针对国防建设的规模过大，要求过急，引起整个工业建设全面紧张的问题，毛泽东指出国防不可不有，在今天的世界上，我们要不受人家欺负，就不能没有这个东西。二是经济建设是国防建设的基础。只有经济发展了，国防建设才有保障。所以毛泽东指出：可靠的办法就是把军政费用降到一个适当的比例，增加经济建设费用。只有经济建设发展得更快了，国防建设才能够有更大的进步。

毛泽东在《论十大关系》中关于实现经济结构的和谐的思想在今天仍具有重要价值。改革开放三十多年来，我国的经济结构得到了极大的优化，但是经济结构不适应经济发展的矛盾仍然很突出。农业基础比较脆弱，工业科技的创新能力相对不足，服务业发展滞后，所占份额偏小。和谐社会应该是经济结构的和谐，农业、工业、服务业得到全面的发展，三者的比例比较协调，才能够适应经济发展的需要。所以，当前我们在建设和谐社会过程中，一定要协调好农业、工业和服务业三者的关系，使三者达到和谐。我们必须加强和改善农业基础性生产条件，走新型工业化道路，大力发展第三产业，提高第三产业的比列，调整产业结构，促进经济的和谐发展。

（2）实现经济管理体制的和谐

在经济管理体制方面，毛泽东在《论十大关系》中，着重强调了两个方面的问题。一个方面为政府和企业的关系，毛泽东指出："把什么东西统统都集中在中央或省市，不给工厂一点权力，一点机动的余地，一点利益，恐怕不妥。"另一方面为中央和地方关系，毛泽东指出："中央和地方的关系也是一个矛盾。解决这个矛盾，目前要注意的是，应当在巩固中央统一领导的前提下，扩大一点地方的权力，给地方更多的独立性，让地方办更多的事情。这对我们建设强大的社会主义国家比较有利。我们的国家这样大，人口这样多，情况这样复杂，有中央和地方两个积极性，比只有一个积极性好得多。"总之，应当在巩固中央统一领导的前提下扩大一点地方的权力，给地方更多的独立性，让地方办更多的事情，目的在于发挥中央和地方的两个积极性，在地方上下级关系上省市也要注意发挥地、县、区、乡的积极性，都不能框得太死。

十一届三中全会以来，我国在农村和城市分别进行了经济体制的改革，社会主义市场经济体制基本建立起来，但是在经济运转过程中，影响企业自主经营的现象仍然存在，中央和地方不和谐的现象仍然时常发生。经济管理体制的矛盾仍然非常凸出，这严重影响了和谐社会的建设。我们应该继续完善我们的经济管理体制，努力实现经济管理体制的和谐，在经济管理体制改革的过程中，我们应该积极借鉴毛泽东提出的这两点：一是扩大企业的自主权，发挥企业的积极性和能动性；二是要扩大地方的权力，调动中央和地方两个方面积极性。这两点是我们在进行经济管理过程中必须遵循的两点原则，没有经济管理体制的和谐，也就没有社会主义和谐社会。

（3）实现分配的公平与和谐

建设社会主义和谐社会，实现分配关系上的公平与和谐分配十分重要。如果处理不好，社会收入差距急剧扩大，可能引发社会问题，严重的可能引发政治问题，这在历史上都是有深刻教训的。在《论十大关系》中，毛泽东针对当时我国经济建设中一些人片面强调国家利益的思想倾向，提出国家、集体和个人的关系都必须兼顾的思想，不能只顾一头，三方都要兼顾；工人的劳动生产率提高了，他们的劳动条件和集体福利、工资就需要逐步有所提高；要处理好国家与农民的关系，兼顾国家和农民的利益。今天，我们在建设社会主义和谐社会的过程中不仅要努力协调好国家、企业、个人之间分配关系，还要协调好企业与企业、个人与个人之间的分配关系。为达到分配上的和谐，我们必须制定相应的分配政策，在坚持按劳分配为主，多种分配方式并存的分配制度的基础上，我们要积极探索分配制度改革的新途径，协调好国家、企业和个人之间的利益分配，寻求它们之间的和谐；同时，要大力推进国有企业的改革，逐渐改变民营企业和国有企业之间不平衡的状态，使民营企业能够有更多的机会参与市场的平等竞争，不断壮大民营经济，提高其市场地位；再者，我们要千方百计地提高个人收入，提高工人和农民的收入，制定严厉的调控政策，防止过高收入，扩大中等收入，提高过低收入，保持不同人群之间收入上的和谐。

2. 构建和谐的政治局面

毛泽东在《论十大关系》中，提出在政治上以团结的方针，妥善处理各种社会关系，构建和谐的政治局面。

（1）正确处理民族关系，实现民族的团结和睦

无论在革命时期还是社会主义建设时期，毛泽东都非常重视民族问题。在《论十大关系》中，毛泽东把民族问题放在政治问题

的首要位置，他要求正确处理汉族和少数民族的关系，形成融洽的民族关系。

一是要充分认识少数民族在历史和现实中的作用。毛泽东从历史和现实角度阐明团结少数民族的重要性，他认为，各少数民族在历史上都发挥了应有的作用，对中国历史都作出过贡献；在建设社会主义过程中，仍然不能忽视少数民族的作用。"我们说中国地大物博，人口众多，实际上是汉族'人口众多'，少数民族'地大物博'，至少地下资源很可能是少数民族'物博'"。因此，无论从历史角度还是现实角度都要团结少数民族。

二是反对大汉族主义。民族平等是实现民族团结和睦的前提，阻碍民族关系团结和睦的关节点就是民族主义。毛泽东尖锐批判民族主义特别是大汉族主义，认为大汉族主义实质上是剥削阶级的思想，"必须深刻批判我们党内在很多党员和干部中存在着严重的大汉族主义思想，即地主阶级和资产阶级在民族关系上表现出来的反动思想，即是国民党思想，必须着手改正这一方面的错误"。

三是加强民族团结教育，毛泽东在民族团结问题上，认为加强民族团结教育是必不可少的环节。他认为历史上出现的一些民族隔阂，在短时间内很难消除影响，必须对人民进行民族团结教育，让人民意识到破坏民族团结的是汉族的反动统治者。他号召："无论对干部和人民群众，都要广泛地持久地进行无产阶级的民族政策教育。"

四是深入进行民族问题检查工作。毛泽东号召全党在处理民族问题上，要积极进行检查，通过检查主动发现问题，及时纠正。"要对汉族和少数民族的关系经常注意检查。早两年已经作过一次检查，现在应当再来一次。如果关系不正常，就必须认真处理，不要只口里讲"。

五是大力发展民族地区经济。发展民族地区经济，是解决民族问题的关键。毛泽东在《论十大关系》中强调一定要发展少数民族地区经济，以调动少数民族的积极性。而且，他还初步提出要给民族地区在经济上以自主权。"在少数民族地区，经济管理体制和财政体制，究竟怎样才适合，要好好研究一下"。

（2）协调党派间的关系，促进政党关系的和谐发展

民主党派是中国政治舞台的一支重要力量。社会主义制度确立之后，如何处理同民主党派的关系，调动他们为社会主义建设服务的积极性，是毛泽东思索的重要问题。他要求全党要正确处理党和非党关系，实现政党关系的和谐发展。

一是确立长期共存，互相监督的方针。在处理民主党派问题，毛泽东在《论十大关系》中明确提出"长期共存，互相监督"的方针。他指出："究竟是一个党好，还是几个党好？现在看来，恐怕是几个党好。不但过去如此，而且将来也可以如此，就是长期共存，互相监督。"一方面，各民主党派在抗日战争和解放战争都做出了重要贡献，应继续存在。另一方面，"共产党和民主党派都是历史上发生的东西，都要在历史上消灭。"因此，中国共产党和民主党派要长期共存，互相监督。这一方针的确立，成为指导新中国政党工作的理论指南。

二是坚持团结和斗争相结合的方式。确立了"长期共存，互相监督"的总方针之后，毛泽东又明确提出了处理同民主党派关系的具体方式、方法：坚持团结和斗争相结合的方式。"我们有意识地留下民主党派，让他们有发表意见的机会，对他们采取又团结又斗争的方针"。首先，要善于团结那些善意的人士，调动他们积极性，为社会主义建设服务。其次，对于那些恶意的人士，要善于斗争。"就是那些骂我们的……让他们骂，骂得无理，我们反驳，骂得有理，我们接受"。最后，要善于转化矛盾。"他们是反对派，又不是反对派，常常由反对走到不反对"。

三是坚持无产阶级专政原则。在处理党派关系上，必须坚持无产阶级专政，这是前提和原则。毛泽东认为无产阶级专政理论并没有过时，坚决反对过时论。"无产阶级政党和无产阶级专政现在非有不可，而且非继续加强不可。否则不能镇压反革命，不能抵抗帝国主义，不能建设社会主义，建设起来也不能巩固"。

（3）正确认识革命和反革命问题，维护社会的安定团结

新中国成立之后，敌我的斗争仍然存在。毛泽东在《论十大关系》中详细分析了如何对待反革命问题，维护社会的安定团结。

一是指出反革命问题已经不是社会的主要问题。经过几年的镇压反革命运动，破坏社会主义建设的敌对分子已经减少了许多。因此，毛泽东认为："应当肯定，还有反革命，但是已经大为减少。"反革命问题已经不是社会的主要问题了，社会主要问题已经变为如何使新中国摆脱落后的状况。这是毛泽东对社会主要矛盾转变认识的初步探索，为党的八大确立社会主要矛盾奠定了基础。

二是认为对待反革命分子要区别对待。对待反革命分子，毛泽东认为不能一刀切，要区别对待。对那些罪大恶极的，"东霸天""西霸天"，"老百姓恨透了，所以少数人还是要杀"。对于一般的敌对分子，"要交给农业合作社去管制生产，劳动改造"。对于机关、学校、部队的反革命分子，要一个不杀，大部不捉，个别分子视情况对待。毛泽东认为区别对待反革命分子有两种好处：一

是可以纠正错误。二是化消极因素为积极因素。

三是认为反革命问题将长期存在。毛泽东认为反革命问题已经不是社会主要问题，但将长期存在。"说反革命已经肃清了，可以高枕无忧了，是不对的。只要中国和世界上还有阶级斗争，就永远不可以放松警惕"。他告诫全党同志要保持一个清晰地头脑，反革命工作是一项长期艰苦的工作，不能松懈，要把一切反革命分子特别是在党政军中的反革命分子清查出来，保证社会建设的顺利进行。

（4）高度重视党内是非问题，保证党自身的团结

中国共产党不仅是中国革命的领导者，也是社会主义建设的领导核心。党自身团结与否直接影响社会主义建设的顺利与否。毛泽东高度重视党内团结问题，要求在明辨是非前提下，保证党的团结。为了团结全党同志，特别是犯错误的同志，毛泽东提出了党团结的基本方针："惩前毖后，治病救人"。

一是坚持明辨是非，惩前毖后。毛泽东认为是非问题必须搞清楚，以惩前毖后。是非一定搞清楚，因为党内的原则争论，是社会阶级斗争在党内的反映，是不允许含糊的。按照情况，对犯错误的同志采取恰如其分的合乎实际的批评，甚至必要的斗争，这是正常的，是为了帮助他们改正错误。

二是要帮助犯错误同志，治病救人。毛泽东指出对犯错误的同志：一要看，二要帮。坚决反对不允许犯了错误同志改正的思想。"人是要帮助的，没有犯错误的人要帮助，犯了错误的人更要帮助。人大概没有不犯错误的，多多少少要犯错误，犯了错误就要帮助。"

总之，"惩前毖后，治病救人"的方针奠定了处理党内问题的基调，对党自身建设产生了深远的影响。

（5）深化中国和外国关系的认识，营造良好的外部环境

中外关系，是政治生活中一个重要问题。世界任何一个国家都不能孤立的发展，都需要同世界上其他国家积极发展对外关系。毛泽东在《论十大关系》中，深刻分析了如何处理对外关系，对新中国发展对外关系产生了深远的影响。

一是积极向外国学习。建国后是否应该向外国学习，很多人存在疑惑，甚至否定向外国学习。毛泽东明确指出，要大胆向外国学习，学习国外的先进方面。"应当承认，每个民族都有它的长处，不然它为什么能存在？为什么能发展？同时每个民族也都有它的短处"。所以，应当向各个国家学习，无论是社会主义国家，还是资本主义国家，取长补短，促进我国的发展。

二是辩证向外国学习。向外国学习，并不意味着要不假思索地什么都要学，要辩证地学习。毛泽东认为："我们的方针是，一切民族，一切国家的长处都要学……但是，必须有分析有批判地学，不能盲目地学，不能一切照搬照抄，机械搬运。他们的短处，缺点，当然不要学。"一方面，对社会主义国家经验不能一味的照搬照抄，好的经验要借鉴，短处要抛弃。另一方面，对资本主义国家也简单否定，对于资本主义国家先进的科学技术要学习，对于腐败制度和思想要抵制。

三是要有民族自信心。毛泽东认为在处理与外国关系方面，有民族自信心，不因落后就失去民族自信心。"有些人做奴隶做久了，感觉事事不如人，在外国人面前伸不直腰……在这方面要鼓点劲，要把民族自信心提高起……"他指出中国有两条缺点，同时也是优点，一是过去是殖民地，二是革命是后进的，"我们是一

张白纸，正好写字。"

3．构建和谐的文化局面

在文化上，毛泽东主张主导性与多样性，世界性与民族性并存，构建"百花齐放，百家争鸣"的文化局面。

关于如何对待外国文化问题，毛泽东首先指出，应当承认，每个民族文化都有它的长处，不然它为什么能存在。针对我国一张白纸，文化水平科学水平都不高的现状，指出我们的方针是，一切民族、一切国家的长处都要学，政治、经济、科学、技术、文学、艺术的一切真正好的东西都要学。但是，必须有分析、有批判地学，不能盲目地学，不能一切照抄，机械搬运。他们的短处，当然不要学。我们要学的是属于普遍真理的东西，并且学习一定要与中国实际相结合。自然科学方面，我们比较落后，特别要努力向外国学习，但是也要有批判地学。外国资产阶级的一切腐败制度和思想作风，我们要坚决抵制和批判。

在 1956 年 4 月 28 日讨论《论十大关系》的政治局扩大会议上，毛泽东提出要实行"百花齐放，百家争鸣"的思想。他说："'百花齐放、百家争鸣'，我看应该成为我们的方针。艺术问题上百花齐放，学术问题上百家争鸣。讲学术，这种学术可以，那种学术也可以，不要拿一种学术压倒另一种学术。"① 1956 年 5 月 2 日，在第二次谈十大关系的最高国务会议第七次会议上，毛泽东在作讨论结论时又说："在艺术方面的百花齐放的方针，学术方面的百家争鸣的方针，是必要的，这个问题曾经谈过。百花齐放是

---

① 薄一波：《若干重大决策与事件的回顾》上卷，中共中央党校出版社 1991 年版，第 492 页。

文艺界提出的，后来有人要我写几个字，我就写了'百花齐放、推陈出新'。现在春天来了嘛，一百种花都让它开放，不要只让几种花开放，还有几种花不让它开放，这就叫百花齐放。百家争鸣是诸子百家，春秋战国时代，二千年以前那个时候，有许多学说，大家自由争论，现在我们也需要这个。"他指出："在中华人民共和国宪法范围之内，各种学术思想，正确的、错误的，让他们去说，不去干涉他们。李森科、非李森科，我们也搞不清。有那么多的学说，那么多的自然科学，就是社会科学，也是这一派，哪一派，让他们去谈，在刊物上、报纸上可以说各种意见。"①

"百花齐放，百家争鸣"方针的提出及系统阐述，是毛泽东的一大创造，对于我国科学文化事业的发展以及其他各项事业的发展，都具有极大的意义。

首先，这一方针符合科学文化发展的规律。毛泽东说："百花齐放是一种发展艺术的方法，百家争鸣是一种发展科学的方法。"②这一方针吸取了我国历史上学术、文化发展的经验，总结了我们党领导科学文化工作的经验和教训，也观察和借鉴了外国党领导科学文化的经验和教训，是符合社会主义社会中科学文化发展的客观规律的方针，既符合知识分子劳动的特点，也符合精神生产的规律，具有科学性。因为任何科学技术、文化艺术的发展都有一个从不完善到完善的循环往复的过程。所以，如果用一种模式、一种观点限制人们的认识，限制人们的研究成果，只能对科学文化艺术的发展起到阻碍作用，正如毛泽东所说："对于思想问题采

---

① 薄一波：《若干重大决策与事件的回顾》上卷，中共中央党校出版社1991年版，第292—293页。

② 《建国以来毛泽东文稿》第六册，中央文献出版社1992年版，第391页。

取粗暴的办法、压制的办法，那是有害无益的。"① 正确的方法应该是，让各种不同的观点自由竞争，自由讨论，然后才能加以比较和鉴别，用真的、善的、美的东西去战胜假的、恶的、丑的东西，从而繁荣文化艺术和科学事业。

其次，这一方针对于社会主义建设各个领域的工作都有指导作用。这是因为，"百花齐放、百家争鸣"方针的宗旨，是在文艺工作和科学工作方面，把一切积极因素都调动起来，更好地为人民服务、为繁荣我国的文学艺术而努力，为使我国的科学工作赶上世界先进水平而努力。其基本点一是科学精神，二是民主精神，即在学术上实行民主争论，在艺术上实行自由竞赛，通过批评和自我批评，发展正确和先进的东西，纠正错误和落后的东西，用真、善、美去克服假、恶、丑，从而达到社会主义科学文化事业健康发展的目的。显然，这种科学的和民主的精神，这一调动一切积极因素为我国社会主义现代化建设服务的目的，也正是社会主义各项事业所必须的，所以"百花齐放、百家争鸣"方针的提出，不仅对科学文化工作者，而且对全国各条战线的工作者，都是一个极大的鼓舞。它不仅指明了发展科学文化的正确之路，也指明了发展社会主义建设各项事业的正确之路。所以毛泽东说："百花齐放、百家争鸣这个方针不仅是使科学和艺术发展的好方法，而且推而广之，也是我们进行一切工作的好方法。这个方法可以使我们少犯错误。有许多事情我们不知道，因此不会解决，在辩论中间，在斗争中间，我们就会明了这些事情，就会懂得解

---

① 《建国以来毛泽东文稿》第六册，中央文献出版社 1992 年版，第 391 页。

决问题的方法。各种不同意见辩论的结果，就能使真理发展。"①

总的来说，"百花齐放、百家争鸣"的方针，是以毛泽东为代表的中国共产党人，把马克思列宁主义关于文化建设的基本原理和中国的具体实际相结合，提出的适合我国国情的思想文化建设鲈伦。这一方针不仅在建国初期指导我国科学文化工作胜利前进，而且有着长远的指导意义，对于当前建设中国特色社会主义文化仍旧富有启发性，是我国社会主义科学文化事业繁荣进步的根本保证。

4. 坚持正确的方法来实现和谐

毛泽东在《论十大关系》中所运用的方法，如矛盾分析法、结构分析法以及主体论，对于我们构建社会主义和谐社会提供了方法论指导。

（1）坚持矛盾分析法

建设社会主义和谐社会，我们必须坚持矛盾分析法。矛盾分析法是马克思唯物辩证法的核心和精髓。矛盾具有普遍性，所谓事事有矛盾，时时有矛盾。矛盾具有客观性，不以人的意志为转移。毛泽东经过长时间的调查研究，经过对当时社会的仔细分析，概括和升华出建设社会主义面临的最主要的十大问题。他说："这十种关系都是矛盾，世界是由矛盾组成的，没有矛盾就没有世界。我们的任务也就是要处理这些矛盾。"在建设社会主义和谐社会的过程中，不管是国家、单位还是个人，都应培养矛盾思维，学会矛盾分析法，矛盾分析法具有普世性的价值。在建设和谐社会的

---

① 《建国以来毛泽东文稿》第六册，中央文献出版社 1992 年版，第 391—392 页。

道路上，我们不会走的一帆风顺，面对出现的问题，诸如看病难、看病贵、上学难之类，我们都可以把它们看做矛盾。面对着这些矛盾，不要惊慌，不要愤青，也不要埋怨，因为矛盾具有普遍性，西方资本主义国家可能不存在这些矛盾，但是它们可能存在其他方面矛盾，它们具有的矛盾我们可能没有，我们没有矛盾的他们可能有，我们在心理上要保持平衡。心理平衡之后，然后在利用矛盾分析法去破解这些问题。所以，矛盾分析法对我们建设和谐社会还是很有启发的。

（2）坚持结构分析法

建设社会主义和谐社会，我们必须坚持结构分析法。结构分析法也是一种非常适用的哲学思维方法。既然有结构，那么就有因素，因为结构是由不同的因素构成的。结构的存在也具有客观性、普遍性，世界万物在不同的层面、不同的建成方式上，都可以被称之为一个结构。既然结构普遍存在，那我们就要建构，既要建构，那么就有一个如何建构高质量结构的问题。《论十大关系》讲了十个方面的关系，即是十个方面的矛盾。如果以建构的思维来思考这十大关系，我们把建设社会主义看作一个结构，这十大关系是毛泽东对建设社会主义的一种建构，各个关系是结构中的一个因素，从十大关系内容来看，毛泽东的这种建构是非常成功的，建构的因素比较全面，十大关系基本上涵盖了当时建设社会主义的方方面面。同样，我们也可以把和谐社会的建设看作一个结构，那么我们就需要建构，建构的因素要齐全，涵盖面要广，不能经济上和谐，政治上不和谐；不能城市和谐，乡村不和谐；不能国内和谐，国际不和谐；不能东部和谐，西部不和谐；不能汉族和谐，少数民族不和谐，在建构和谐的过程中，我们思考的因素一定要全面，一定要广。我们建设的和谐社会，是全面的和谐，而不是局部的和谐。在一定程度上，结构中包含因素的全面性，决定了我们建设社会的和谐程度。

（3）坚持主体论

建设社会主义和谐社会，我们必须坚持主体论。《论十大关系》提出了十个问题，毛泽东指出："提出这十个问题，都是围绕一个方针，就是把国内外一切积极因素调动起来，为社会主义事业服务。"社会主义建设过程中人处于中心地位，重视人的作用，发挥人的积极性显得尤为重要。马克思唯物主义同样也坚持人民群众是实践的主体，是历史的创造者。和谐社会的建设最终要通过人这个和谐社会建设的主体来实现。所以，在建设和谐社会的过程中，我们要着力改善民生，提高广大人民群众的生活水平，保障他们的权力，满足人民群众各方面的需要，激发广大人民群众的积极性、创造性，这才是建设和谐社会的根本。科学发展观坚持全面、协调、可持续的发展理念，强调的也是以人为本。我们建设的和谐社会，人既是建设者，又是受益者。所以和谐社会的建设要以人为中心，坚持主体论。

附录：名词解释

　　苏共二十大：苏联共产党第二十次代表大会于 1956 年召开，是苏联历史乃至国际共产主义历史的一个重要转折点。会上主要批判了对斯大林的个人崇拜，指出斯大林主义的错误，对世界形势产生了重大的影响。在苏共二十大的正式议程中，批判个人迷信和斯大林并不显著。赫鲁晓夫在宣布大会开幕后还说："国际共产主义运动在苏共十九大后失去了杰出的领袖斯大林"，他甚至还提议代表们为斯大林默哀。然而在 1956 年 2 月 25 日，即苏共二十大的最后一天凌晨，赫鲁晓夫却突然抛出了一份长达 4 小时的题为《关于个人迷信及其后果》的"秘密报告"，在被紧急召集到会议大厅的代表们的惊愕中，全盘否定了斯大林，揭露了很多苏共和国际共产主义运动的负面情况。赫鲁晓夫主要在报告中批判了斯大林的七大错误：个人迷信，破坏法治、发动大清洗，在卫国战争中的错误，在民族问题上的错误，在和南斯拉夫关系上的错误，在经济政策方面的错误，实行个人独裁。赫鲁晓夫在苏共第二十次代表大会期间所作的"秘密报告"，给国际共产主义运动带来了极大的震动，许多国家共产党围绕对斯大林评价的问题以及对苏共二十大纲领的评价问题展开了激烈的争论，最后导致大多数共产党发生分裂。一些帝国主义国家利用国际共运内部的动荡,掀起了反对共产党,反对社会主义的浪潮。受到苏共二十大的影响,1956 年当年就发生了波兹南事件和匈牙利事件,死伤上千人。

亚非会议:亚非会议即万隆会议,是 1955 年 4 月 18 日至 24 日在印度尼西亚万隆召开的反对殖民主义,推动亚非各国民族独立的会议。又称第一次亚非会议。我国国务院总理周恩来率代表团参加。会议广泛讨论了民族主权和反对殖民主义、保卫世界和平及与各国经济文化合作等问题。会议一致通过了包括经济合作、文化合作、人权和自决、附属地人民问题和关于促进世界和平和合作宣言等部分的《亚非会议最后公报》,确定了指导国际关系的 10 项原则。这 10 项原则是和平共处五项原则的引申和发展。会议号召亚非各国团结一致、和平相处、友好合作、共同反对帝国主义与殖民主义,被称为万隆精神。

日内瓦会议:1954 年 4 月 26 日至 7 月 21 日,苏、美、英、法、中 5 国外交会议在瑞士日内瓦国联大厦举行。会议主要讨论如何和平解决朝鲜问题和关于恢复印度支那和平问题。7 月 21 日,与会各国签署了《越南停止敌对行动的协定》《老挝停止敌对行动的协定》《柬埔寨停止敌对行动的协定》,会议最后发表了《日内瓦会议最后宣言》。